LONDRES, NEW YORK,
MELBOURNE, MUNICH et DELHI

Un livre Dorling Kindersley
www.dk.com

Titre original : *The Book of Dance*

Conseillers : Sheila Dickie, Dr Andrée Grau,
Kate Prince, Dr Rachelle Stretch.

Traduit de l'anglais par Nathalie Barrié.

Cet ouvrage a été réalisé par les éditions Milan
avec la collaboration de Stéphanie Scudiero.
Maquette : Pascale Darrigrand.

Pour l'édition française :

300, rue Léon-Joulin,
31101 Toulouse Cedex 9 – France
www.editionsmilan.com

Dépôt légal : mars 2013
ISBN : 978-2-7459-5534-0
Imprimé en Chine

Ma grande ENCYCLOPÉDIE DE danse

Lorrie Mack

MILAN

Sommaire

8 La danse dans le monde

◀ Danse de l'éventail sud-coréenne.

32 Les danses de salon

◀ Danseurs de salon en compétition.

52 Le ballet classique

◀ *Le Lac des cygnes* du Ballet Mariinsky.

84 Pieds et sentiments à nu

◀ *Re-III*, dans *Re-triptych* de la compagnie Shen Wei Dance Art.

98 Magiques comédies musicales

◀ *Chantons sous la pluie* au Palace Theatre, à Londres.

120 Breakdance et danse de rue

◀ Myosung, troupe de danse urbaine coréenne.

La danse
dans le monde

Dans tous les pays, on danse pour des occasions spéciales ou pour exprimer son identité nationale. **La danse chinoise du dragon** et **le flamenco espagnol** sont deux exemples mondialement connus.

Remontons le temps

Depuis la nuit des temps, les peuples dansent. Égypte ou Inde, Grèce ou Rome antiques, toutes les cultures anciennes qui nous ont légué des témoignages écrits ou en images mentionnent la danse. Elle a toujours tenu une place importante et servi à exprimer l'« identité nationale ». C'est encore le cas aujourd'hui.

Danseuses égyptiennes, vers 1400 avant J.-C.

À la mode du Nil

C'est sur les rives du Nil que les anciens Égyptiens ont fondé l'une des plus grandes civilisations de l'Histoire. Les peintures dans les tombeaux attestent de l'importance de la danse à la fois dans les festivités publiques et dans la vie privée. Les danses égyptiennes, gracieuses et souvent acrobatiques, étaient effectuées soit par un danseur seul, soit par des groupes de danseurs tous masculins ou tous féminins. Certains jouaient du tambourin, du hochet ou des claquoirs (sortes de castagnettes).

La danse des épées était un simulacre de combat.

Chez les Grecs

Dans la Grèce ancienne, la « danse » désignait tout mouvement du corps, y compris la marche, le mime, le sport et même les expressions du visage. On y voyait un gage de bonne santé et de bonne éducation. Les danses grecques étaient variées. Si nombre d'entre elles étaient destinées à des cérémonies, religieuses ou non, ou à des réunions familiales comme le mariage, d'autres animaient de folles sorties nocturnes. Celles exécutées lors de spectacles portaient des noms différents selon le genre de la pièce jouée, tragique ou comique notamment. Dans les mythes grecs, les dieux dansaient souvent, et la danse avait même sa divinité attitrée, Terpsichore.

Un plaisir coupable

Dans l'Antiquité, aucun citoyen romain qui se respecte n'aurait dansé en public. La danse n'était pas considérée comme faisant partie des bonnes manières. Pourtant, les Romains acceptaient de danser lors de rituels religieux et aimaient se divertir en regardant des danses, sur scène ou dans la rue. Ils appréciaient aussi la partie dansée d'une forme complexe de théâtre nommée pantomime, où des acteurs, des chanteurs, des musiciens et des danseurs se côtoyaient sur scène. Avec l'essor de Rome, des voyageurs venus des coins les plus reculés de l'Empire enrichirent la pantomime par toute une variété de styles de danse nouveaux.

Danse en l'honneur de Cérès, déesse romaine de l'Agriculture.

Danses anciennes du Nouveau Monde

La danse est un aspect important de la vie des peuples indigènes d'Amérique du Nord. Depuis des milliers d'années, elle est pour eux un moyen de communiquer entre eux, avec les dieux et avec la nature. La plupart des danses sont accompagnées par des tambours, qui, d'après les danseurs, résonnent en harmonie avec les battements du cœur de la Terre Mère. Elles suivent souvent un rond symbolisant le Cercle de la Vie, qui n'a ni commencement ni fin.

Danse du buffle en l'honneur d'une chasse abondante.

Le Temps des rêves

La présence des indigènes – les Aborigènes – en Australie remonte à environ 60 000 ans. C'est l'une des plus anciennes civilisations au monde. Ces peuples racontent la création du monde, qu'ils nomment le Temps des rêves ou le Rêve, dans leurs chants et leurs danses. Certains récits sont mis en scène par de nombreux figurants, d'autres par des groupes composés exclusivement d'hommes ou de femmes, mais certains sont narrés par des conteurs ayant suivi une formation et des rituels spéciaux.

Danse aborigène lors d'un festival en Australie.

Une fierté nationale

La danse irlandaise est une tradition étonnamment ancienne. Quand en 500 av. J.-C., les Celtes, venus d'Europe continentale, ont migré en Irlande, ils ont apporté leurs danses. Plus tard, au XIIe siècle, les Normands sont eux aussi arrivés avec leurs danses. Les Irlandais ont donc récolté un riche patrimoine folklorique. La danse irlandaise est aujourd'hui un divertissement populaire, présenté sur scène dans le monde entier (voir p. 12-13).

La gigue irlandaise, peinture du XIXe siècle.

Nataraja, le dieu Shiva sous la forme d'un danseur.

Inventer la tradition

Des danses nationales ont été créées en l'honneur de la naissance de l'État d'Israël en 1947. Elles associaient des éléments des cultures anciennes avec des musiques et des thèmes du nouveau pays. Destinées à tous les publics, les danses folkloriques israéliennes, avec leurs séquences simples et leurs pas répétés, rappellent la danse en ligne (voir p. 50-51).

Danseurs de folklore israélien à Tel-Aviv.

Des pas sacrés

Selon la tradition hindoue, Brahma, le dieu de la Création, trouvant les textes religieux trop complexes pour le commun des mortels, décréta qu'il y aurait un divertissement sacré pour expliquer chaque chose simplement. D'où le *bharatanatyam*, une danse exécutée à l'origine dans les temples du sud de l'Inde, il y a environ 2 000 ans, uniquement par des danseuses, les devadasis. Dans la pratique, le dos reste droit, les genoux sont pliés en flexion latérale et de gracieux mouvements des bras *(mudras)* accompagnent les histoires chantées. Aujourd'hui, le *bharatanatyam* est enseigné et pratiqué (voir p. 114) un peu partout dans le monde.

La danse **irlandaise**

En Irlande, on dansait déjà au XVIe siècle de **dynamiques gigues et *reels***. Aujourd'hui la danse irlandaise se pratique pour divertir lors de festivités *(ceilis)* ou en compétition lors de festivals culturels *(feisanna)*. Les danseurs sont en solo ou en groupe. La musique est jouée au piano, à l'accordéon et au *bodhrán* (tambour).

« La danse irlandaise n'est pas facile, mais très amusante ! »
Isadora

Le saut

Les danseurs commencent par des pas enlevés, notamment des gigues et *reels*. Le saut fait partie des mouvements de base, et la danseuse doit prendre de la hauteur et de l'élan pour le réussir. Il est impératif que le tout soit effectué avec grâce, sans trop appuyer sur ses pieds.

Position de départ.

En appui sur le pied gauche, la danseuse plie le genou droit et garde la jambe droite repliée sous elle.

C'est un déplacement qui permet de prendre de l'élan. La danseuse lance le pied droit en avant, la pointe vers l'extérieur tout en se tenant en équilibre sur la pointe du pied gauche.

La danseuse est prête à sauter. Elle pousse sur son pied gauche, replie la jambe gauche sous elle puis projette la jambe droite en avant en gardant le pied droit en extension.

▼ **Pas de danse** La danse irlandaise compte de nombreux pas très rapides, notamment des sauts et des jetés de jambe où le danseur décolle du sol.

Pourquoi le buste est-il immobile ?

Dans la danse irlandaise traditionnelle, le buste reste droit tandis que le danseur effectue ses jeux de jambe. Il s'agit d'éviter que le haut du corps ne détourne l'attention du public des pas complexes du danseur. Les spectateurs ont le regard rivé sur ses jambes et ses pieds pour apprécier sa technique. Le danseur fait son numéro, le dos droit, le sourire aux lèvres, l'air fier. Il doit donner le sentiment que sa démonstration ne lui demande aucun effort.

Le pied est tendu, orteils vers l'intérieur.

L'envol

4

Voici la partie la plus difficile de la figure : la danseuse saute, garde la jambe droite tendue à l'horizontale et, en même temps, replie sous elle la jambe gauche. Elle tient le buste et les bras droits et rentre le menton.

Riverdance

Dans les années 1990, deux spectacles de danse ont enthousiasmé Broadway : *Riverdance*, et *Lord of the Dance* de Michael Flatley. Depuis, la danse irlandaise est devenue un phénomène international. Des écoles l'enseignent dans le monde entier, en Europe, aux États-Unis et jusqu'en Australie et en Afrique du Sud.

Les robes

Lors des compétitions de danse irlandaise, les filles portent une robe courte, à manches longues. Le dessin d'origine a été tiré d'un manuscrit médiéval magnifiquement illustré : *Le Livre de Kells*. Aujourd'hui les costumes sont moins élaborés, leurs couleurs plus vives, et certains sont cousus de centaines de cristaux.

Robe de compétition.

Les chaussures

Il existe deux sortes de chaussures : les claquettes et les chaussons, les *ghillies*. Chacune correspond à un type de danse bien défini. La pointe des claquettes en fibre de verre leur confère leur résonance caractéristique. Certains chaussons sont rembourrés au bout pour que les danseuses puissent faire des pointes.

Claquettes.

Chaussons.

Cheveux et maquillage

En compétition, l'apparence est très importante. Les danseuses ont les cheveux frisés ou des perruques bouclées. Elles sont très maquillées et ont un faux bronzage pour ne pas paraître pâles sous les projecteurs. Leurs socquettes blanches sont collées à leurs mollets pour ne pas glisser.

Perruque et maquillage.

Virevolter et **taper du pied**

Les danses nationales suivantes viennent d'Europe centrale et orientale, où la plupart des peuples parlent des langues slaves. De styles variés, **majestueuses ou ponctuées de claquements de bottes**, elles permettent à des peuples voisins ou aux mêmes origines linguistiques d'exprimer leurs différences nationales.

Un style simple

La mazurka est une danse folklorique polonaise, qui remonterait au moins au XVIe siècle. Dans les années 1800, elle s'est répandue jusque dans les salles de bal européennes. Simple et plaisante, elle comporte des pas, des sauts et des glissés. Elle est souvent adaptée à des ballets classiques et figure notamment dans *Le Lac des cygnes* et *Coppélia*.

Danser la mazurka, d'Egisto Lancerotto.

Une marche noble

Danse nationale portant un nom français, la polonaise a débordé du cadre du folklore pour devenir une danse de cour au XVIIe siècle. L'influence aristocratique de cette marche dansée se retrouve dans les mouvements empreints de dignité et de faste des danseurs. Les couples se tiennent par le bras ou par la main et font gracieusement le tour de la pièce, chacun tournant à l'occasion sous le bras de son partenaire ou saluant. Le compositeur Chopin a écrit les plus célèbres polonaises.

Couples dansant la polonaise.

Couverture de partition de polka.

La polka piquée

La polka, danse paysanne pleine de vie, nous est arrivée de Bohême (République tchèque actuelle) dans les années 1830. Son nom vient du tchèque *půlka* (« demi-pas »). Elle a été adoptée dans les salles de bal d'Europe et d'Amérique du Nord au temps où la danse était très populaire. Le motif *polka dot* (« à pois » en anglais), récemment à la mode, doit son nom à cette danse.

Puissance et talent

Le hopak (appelé *trepak* en Russie) s'est développé à partir d'une danse masculine réservée aux guerriers cosaques, en Ukraine. Aujourd'hui, les femmes le pratiquent également. Les origines militaires du hopak se voient dans certaines figures effectuées par des hommes – sauts acrobatiques, tournoiements et lancés de jambe accroupi nécessitant de la force et une certaine agressivité (voir à droite). Les femmes se balancent, tapent des mains et effectuent elles aussi quelques tours spectaculaires.

Jeunes danseurs de csárdás.

Danser en bottes

La csárdás, la danse nationale hongroise, est apparue au XVIIIe siècle dans l'atmosphère virile des auberges de campagne. Des hommes en bottes de cuir dansaient en tapant des pieds, des talons, et en frappant leurs bottes de la main. Plus tard, c'est devenu une danse de couple où les danseurs commencent lentement, puis accélèrent et tournoient de plus en plus vite, pour finir sur une note énergique.

Les hommes portent des chemises aux manches bouffantes et des pantalons bouffants maintenus par une large ceinture nouée.

Danseur de hopak.

Les danses *à motifs*

Des enfants font la ronde dans cette peinture du XIXe siècle.

Au fil de l'histoire, les danses parmi les plus simples et les plus populaires ont conduit les danseurs en groupe à se déplacer selon une séquence préétablie, reproduisant des modèles précis. On dessine **des cercles, des chaînes, des lignes parallèles ou des carrés** en se tenant la main, en entrecroisant les bras, ou en mettant les mains sur la taille ou les épaules d'un partenaire. Et toujours en s'amusant !

Jeunes filles dansant la hora.

Faisons la ronde !

L'une des danses les plus communes, et certainement la plus ancienne, est la ronde. Il se peut que, dans les sociétés primitives, le cercle ait symbolisé la cohésion ou la force de la communauté, car, dans une ronde, tout le monde peut voir tout le monde. L'ancienne version albanaise et roumaine de cette danse est la hora. À la fin du XIXe siècle, elle fut adoptée par la communauté juive chez qui elle joue un rôle clé lors de célébrations telles que les mariages ou les cérémonies de passage à l'âge adulte. Les danseurs se tiennent par la main, avancent et reculent, en tournant vers la droite.

Groupe folklorique exécutant un quadrille sur l'île Sainte-Croix (îles Vierges américaines).

Danseurs
de *ballu tundu.*

Les chaînes vivantes

Les chaînes vivantes sont proches des rondes et des danses en ligne. Dans le *ballu tundu* sarde, en Italie, des couples se tiennent fermement par la main et se font face. La formation se déplace sans cesse, donnant l'impression que les danseurs font partie d'une chaîne que rien ne peut briser.

En rang !

La « danse en ligne » est un autre style populaire de danse. Deux rangées de couples se font face, puis avancent et tournent les uns autour des autres et autour d'autres couples. Comme la plupart des danses folkloriques, il s'agissait à l'origine d'une danse paysanne, en vogue en Angleterre et en Écosse. En France, associée à des pas de danses de cour, elle fut appelée *contredanse* (de l'anglais *country dance*, « danse paysanne »). C'est sous cette forme qu'elle est devenue populaire en Amérique du Nord et dans le monde entier.

Illustration de contredanse, 1810.

Au carré !

Une autre danse paysanne très appréciée est le quadrille, exécuté par des couples disposés en carrés. Très en vogue au début du XIXe siècle en France, à la cour de Napoléon, le quadrille mettait davantage l'accent sur les motifs dessinés par les danseurs que sur les pas compliqués ou les mouvements de bras. Rebaptisé plus tard « *square dancing* », il a pris une place importante dans la culture américaine : c'est aujourd'hui la danse officielle de 19 États des États-Unis. Le quadrille a été également exporté aux Antilles par les colons français et anglais, où les esclaves africains l'ont adapté à leur goût. Un quadrille local, différent des autres, fait partie de la culture jamaïcaine.

Figures *méditerranéennes*

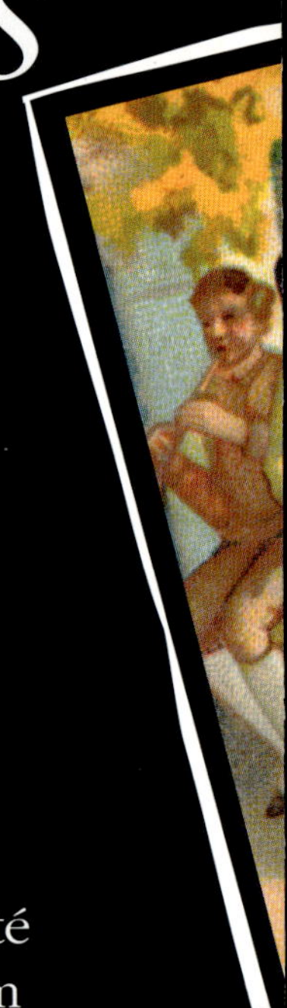

Pendant des millénaires, les peuples méditerranéens ont considéré leurs terres comme le centre du monde – *Méditerranée* vient du latin *medius* (« milieu ») et *terra* (« terre »). Ces civilisations possèdent une grande **richesse culturelle**, et la danse tient une place prépondérante dans leur identité.

Danseurs de sirtaki.

Des pas simples, alliant torsions et genoux pliés.

La danse de Zorba

Il est difficile de croire que le sirtaki, danse folklorique méditerranéenne célèbre et emblématique, n'ait rien de traditionnel. Et pourtant, il a été inventé pour les besoins du film *Zorba le Grec*, en 1964. Il se danse en ligne ou en cercle, les danseurs se tenant par la main ou les épaules. Inspiré de danses grecques existantes, il commence avec grâce et lenteur, puis accélère sur un rythme vigoureux et répétitif. Aujourd'hui, certains Grecs le considèrent comme une danse nationale.

Danseurs de jota.

La fierté hispanique

Issue du nord de l'Espagne dans les années 1700, la jota exprime la fierté nationale. Son nom vient d'un mot latin signifiant « saut ». C'est une danse vive et bondissante, souvent dansée en couple, dont les pas ressemblent à ceux de la valse. Comme bien des danses folkloriques, elle donne lieu à des variations régionales. Un initié devinera l'origine des danseurs à leur seule façon de bouger.

▼ Statue représentant des danseurs de sardane à Barcelone, en Catalogne.

Des pieds et des mains

La sardane est une danse folklorique venue de Catalogne, en Espagne. Elle est associée aux valeurs catalanes de base : harmonie, fraternité et démocratie. Les danseurs lèvent les mains et tournent en rond en exécutant de petits pas précis. Ils suivent un meneur, qui communique par des pressions de la main. D'autres danseurs peuvent rejoindre la ronde à tout moment. Quand le cercle devient trop grand, il se divise en cercles plus petits. La musique de la sardane commence lentement, puis accélère de plus en plus.

Tambourin.

▲ Peinture représentant une tarentelle, généralement accompagnée de tambourins.

Des pas d'araignée

Ancienne danse de cour née à Tarente, en Italie, la tarentelle était à l'origine rapide, gaie et gracieuse. Mais on rapporte que, dans les années 1500, on conseillait un étrange rituel aux gens qui se faisaient mordre par une tarentule (une araignée venimeuse) : exécuter une version accélérée de la tarentelle. Que ce soit vrai ou non, la danse en a gardé sa grande énergie.

Une tarentule.

Le feu *du flamenco*

Style de musique embrassant le chant *(cante)*, la guitare *(toque)* et la danse dramatique *(baile)*, le flamenco puise ses racines dans les cultures maure, arabe, juive et gitane de l'Andalousie, dans le sud de l'Espagne. Sa popularité s'est étendue au reste de l'Europe, et même **au monde entier**, notamment aux Amériques et au Japon.

Au commencement...

Première apparition

La première trace écrite du flamenco remonte à un roman de la fin du XVIIIe siècle. Il était principalement dansé chez les gitans et dans la rue. Les pas étaient exécutés au rythme de chants et de frappes dans les mains, mais sans qu'on sache précisément quels instruments étaient utilisés.

L'âge d'or

Entre 1850 et 1910, le flamenco se professionnalise. Il prospère dans les *cafés cantantes* – lieux où l'on paie pour voir des danseurs célèbres, accompagnés de chants et de guitares. C'est la naissance de la guitare de flamenco.

John Singer Sargent a capté l'esprit du flamenco dans son tableau *El Jaleo* (1882).

L'*opera flamenca*

D'influents imprésarios (organisateurs de concerts) imposèrent le flamenco dans de grands théâtres et dans des arènes de corrida. Ils l'appelèrent *opera flamenca* parce qu'à l'époque, l'opéra était moins taxé que les autres formes de théâtre. La danse devint populaire, mais les puristes la trouvent désormais trop commerciale.

Une danse devenue officielle

À partir de 1950, le flamenco commence à être reconnu comme une forme d'art. Traditionnellement, on apprenait le flamenco en regardant les autres, mais une formation officielle se met alors en place. De nos jours, les danseurs de flamenco étudient souvent de pair le ballet classique et la danse moderne. La plupart des gens vont voir danser le flamenco lors de concerts professionnels, de spectacles de théâtre, ou lors de *juergas* (fêtes de flamenco spontanées).

La Quica, grande danseuse de flamenco, chorégraphe et professeur, en 1951.

Côté musique

La base du flamenco, c'est la musique. Elle est classée selon des styles de chansons, ou *palos*. Le flamenco est toujours chanté et accompagné de guitares ou d'autres instruments. Les chants expriment des émotions différentes : soit ils sont vifs et festifs et donnent envie de danser *(alegrías* et *bulerías)*, soit ils sont pourvus d'accents sombres et profonds *(soleas et seguirillas)*.

Paco Peña, un des plus grands guitaristes et compositeurs de flamenco.

Des castagnettes en forme de coquillages sont placées dans les paumes pour produire un cliquetis.

Faites votre choix

Il y a plusieurs styles de flamenco : le flamenco pur, plus proche de ses racines gitanes, est improvisé et dansé en solo, avec de nombreux mouvements de hanches. Le classique, dansé dans les compagnies modernes, se caractérise par un dos cambré, des déhanchements maîtrisés et des bras tendus comme en danse classique. Le moderne est très technique et suppose un entraînement intensif, à la fois pour réussir les pas rapides et complexes et pour utiliser les accessoires – castagnettes, châles et éventails. Le flamenco *nuevo* (ou nouvelle vague) suit quant à lui une chorégraphie stricte et s'inspire d'autres styles de danse.

Les robes sont longues, à volants, et souvent de couleurs vives.

◀ Le style de la danseuse Sara Baras est souple et dénué de manières, ponctué de frappes de pied.

Joaquín Cortés ▶ a commencé sa carrière comme membre du Ballet national d'Espagne.

Des incontournables...

Voici quelques pointures : Antonio Gades, dont les apparitions au cinéma ont fait connaître le flamenco dans le monde entier ; Sara Baras, qui tourne aussi dans des films et à la télévision ; Eva Yerbabuena, qui danse le flamenco depuis l'enfance et a gagné de nombreux prix ; Antonio Canales, formé à la danse classique avant de monter sa troupe de flamenco, et Joaquín Cortés, qui a rejoint le Ballet national d'Espagne adolescent et associe flamenco et danses classique et moderne.

La tenue adéquate

Les robes de flamenco sont moulantes en haut et s'évasent en un jupon volanté. La *bata de cola* est une robe ou une jupe à longue traîne. Les danseuses ont des chaussures à talons bas cloutées sous les orteils et aux talons pour produire un bruit de claquettes, des éventails, un *mantone* – châle brodé – et des fleurs ou des peignes dans les cheveux.

Mélanges *latinos*

Comme c'est le cas dans beaucoup de régions à forte tradition de danse, l'Amérique latine est un **fertile mélange de cultures** et de races, où se côtoient les peuples autochtones, les Européens (essentiellement des Espagnols et des Portugais) à partir du XVe siècle et les Africains, arrivés plus tard comme esclaves.

La cumbia.

Dis-moi oui

Née à la fin du XVIIe siècle sur les côtes de Colombie, la cumbia était dansée par les esclaves pour courtiser leur belle. Les couples forment une grande ronde et se relaient au centre pour danser. Les hommes, un foulard coloré autour du cou, un chapeau à la main ou sur la tête, font des avances que les femmes, armées d'une bougie, repoussent tout en faisant voltiger leur longue jupe. La cumbia est devenue la danse nationale colombienne. Elle fait partie des danses latino-américaines les plus anciennes, et en a inspiré d'autres, notamment la salsa et le merengue.

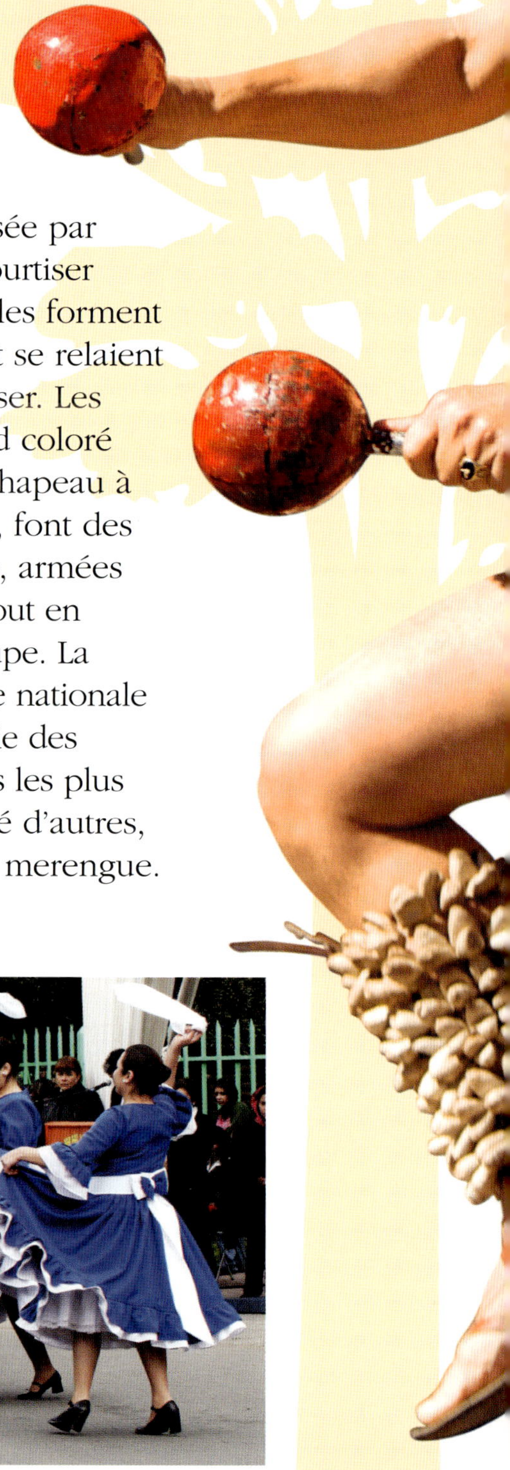

Courtisans chiliens

La danse nationale du Chili, la cueca, (une des « danses du mouchoir » typiques des pays d'Amérique latine), s'inspire du comportement amoureux du coq et de la poule, le mâle étant audacieux et la femelle, timide. Le couple évolue en demi-cercle, ne se touche pas, mais reste en contact par des gestes et des expressions du visage, agitant des mouchoirs qui représentent la crête du coq et les plumes de la poule.

Le 18 septembre, jour de fête nationale chilienne, on danse la cueca.

▼ Le danseur qui joue le rôle de l'animal porte une peau de cerf et une coiffe constituée de la tête du cervidé.

Des hochets portés autour des jambes produisent un bruit de feuilles froissées.

Préserver l'héritage

La danse du fusil.

Le Ballet folklorique de Mexico a été formé en 1952 dans le but de préserver et promouvoir les danses mexicaines traditionnelles. Il existe deux compagnies principales, l'une basée à Mexico, l'autre sillonnant le monde. Toutes deux exécutent des danses nationales telles que la *danza del venado* (danse du cerf) et la « Révolution » (danse du fusil).

Le cycle de la vie

La *danza del venado* mexicaine (danse du cerf) est une danse indigène, exempte de toute influence européenne ou africaine. Cette ancienne histoire dansée raconte la vie d'un cerf sauvage, un animal sacré pour les Yaquis de Sonora, car il leur apportait tout ce dont ils avaient besoin. Le « cerf » traverse la forêt jusqu'à ce que les chasseurs le tuent pour le manger, faire des chaussures, des habits et des abris avec sa peau et des outils avec ses bois, prolongeant ainsi le cycle de la vie.

La fête du carnaval

Enjouée et festive, la samba remonte au XVIe siècle et à l'arrivée des Portugais au Brésil. La musique et la danse des esclaves déportés d'Afrique se sont combinées à celles des Portugais et des peuples natifs du Brésil pour créer un style de samba radicalement nouveau. La samba, danse de soliste, est vite devenue un élément incontournable du Carnaval de Rio de Janeiro (voir p. 48). Plus tard, des influences européennes ont donné naissance à la samba en couple, telle qu'on la pratique désormais dans de nombreux salons.

Danseuse de samba en costume.

Rythmes *africains*

« Si tu sais parler, tu sais chanter.
Si tu sais marcher, tu sais danser. »
Proverbe du Zimbabwe

Les danses africaines s'inspirent souvent de rituels ou de traditions. Danses de guerre, d'amour ou rites de passage, elles sont souvent religieuses et **permettent de communiquer avec les dieux** ou les esprits, pour les honorer, les remercier ou demander leur aide.

Tambour congolais.

Danser en musique

En Afrique, la musique pour danser est basée sur la voix et le tambour. Les chœurs encouragent le danseur, les percussions éveillent des émotions et exaltent le sentiment d'appartenance au groupe. La danse est collective, exécutée par des hommes et des femmes, mais pas en couples.

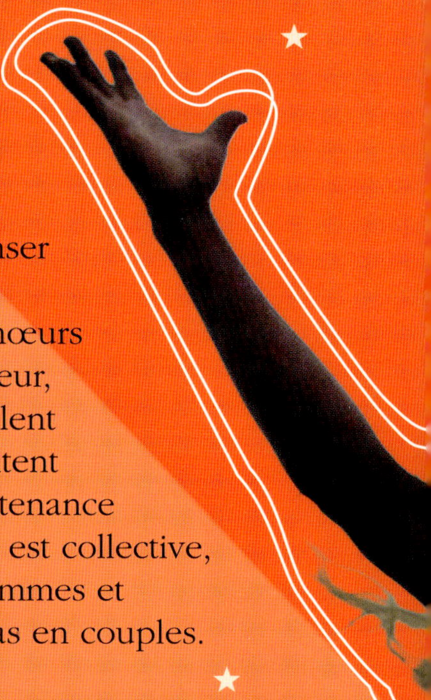

Le chant des danseurs de *luma* est une sorte de tyrolienne.

◀ La tribu des Bakas (République centrafricaine, Cameroun, Gabon) vénère un esprit gardien de la forêt et célèbre ses prises de chasse par une danse rituelle, le *luma*.

La transe

Danse rituelle des Touaregs du Maroc, la guedra vise à produire une énergie positive. Les danseurs se laissent tomber à genoux et se balancent en faisant de gracieux mouvements de bras et de mains. Le rythme hypnotique du tambour les plonge dans une sorte de transe.

Une séance de guedra.

Une chasse abondante

Les Africains dont la survie dépendait de la chasse ont développé des rituels complexes autour de cette activité. Les danses de chasse des Zoulous d'Afrique du Sud ne sont pas mixtes : les hommes dansent avant de chasser, mimant la poursuite et la mise à mort de leur proie ; les femmes dansent pour fêter le retour des chasseurs chargés de prises.

Les danses guerrières

De nos jours, la plupart des danses guerrières sont exécutées symboliquement, plutôt que pour célébrer une bataille. Dans la danse zouloue nommée *umghubha*, on brandit des lances et des boucliers. Au Ghana, la danse *agbekor* du peuple ewe reproduit des tactiques de lutte comme le combat au poignard et les attaques-surprises. Les danseurs agitent également des cravaches.

Les danseurs portent une ceinture de cuir et des bouts de peaux d'animaux.

◀ Ce danseur zoulou moderne porte encore le costume traditionnel.

La troupe des Ballets africains.

L'Afrique à l'honneur

Fondés en Guinée dans les années 1950, les Ballets africains font le tour du monde avec leurs danses tribales théâtrales, ponctuées de sauts et de cris, sur fond de djembés. En 1958, la Guinée, devenue indépendante, fait de la troupe sa compagnie nationale. Celle-ci fait découvrir la danse africaine et encourage ainsi l'amitié entre le continent africain et le reste du monde.

Un djembé.

Danser en bottes

Le *gumboot* s'est développé au cours du XXe siècle dans les mines d'or d'Afrique du Sud. Les galeries étant souvent inondées, les exploitants équipaient les mineurs de bottes en caoutchouc. Il était interdit aux ouvriers de parler, aussi communiquaient-ils en tapant des pieds et en frappant leurs bottes du plat de la main. Ce langage est devenu une danse à l'origine d'une forme de divertissement.

Danseur de *gumboot*.

Bâtons, cerceaux *et chapeaux*

Dans de nombreuses sociétés, les danses traditionnelles requièrent des accessoires spécifiques – bâtons, chapeaux ou clochettes. Ces **objets peuvent symboliser d'anciennes coutumes**, souligner un geste, créer un rythme, exprimer des sentiments, ou simplement donner plus d'amplitude aux mouvements du danseur.

Haut perchés

Dans certaines cultures, lors de rituels religieux, on danse sur des échasses. En Afrique de l'Est et de l'Ouest, les danseurs sur échasses représentent des dieux ou des esprits. Ils portent des masques et exécutent des mouvements impressionnants au son des tambours. Pour les Africains des Antilles, qui, eux, ne portent pas de masque, cette danse est plus divertissante que religieuse. En Espagne, à Anguiano, elle fait partie de la tradition catholique locale, les danseurs portant une image de sainte Marie Madeleine.

Danseur masqué sur échasses au Mali, en Afrique de l'Ouest.

La danse des assiettes

En Orient, danser avec des assiettes relève d'une longue tradition. Dans la danse folklorique *bhawai* du Rajasthan, en Inde, les danseurs, perchés sur des assiettes placées sur des gobelets en laiton, tiennent plusieurs pots en terre cuite en équilibre sur leur tête.
Chez les Ouïgours, en Chine, les danseurs tiennent des assiettes sur leurs bras tendus et des piles de bols sur la tête, tout en levant une jambe ou en sautant.

▶ Délicat numéro d'équilibre, la danse *bhawai* est souvent exécutée par des femmes vêtues de couleurs vives.

Danse des cerceaux.

Le cercle de la vie

Pour la plupart des peuples autochtones d'Amérique, les danses cérémonielles des cerceaux (habituellement exécutées en solo) représentent le « cercle de la vie », de la naissance à la mort. Des cerceaux autour du danseur combinent avec son corps des formes suggérant des animaux, des cornes ou des ailes.

Sombrero mexicain.

Tours de chapeaux

L'énergique danse mexicaine du chapeau peut être exécutée en solo, en couple ou en groupe. Les figures de base comportent des battements de pied, des sauts et des frappes dans les mains. Cette danse se termine par un applaudissement retentissant et le fameux *olé*, cri de victoire espagnol. Pendant la révolution mexicaine, au début du XXe siècle, elle symbolisait l'unité nationale.

Les échasses sont faites en bois peint.

Danse du ruban.

Autour de l'arbre de mai

En Europe, les danses autour d'un mât étaient, à l'origine, des rituels de fertilité. Les deux principales, la ronde et la danse du ruban, sont exécutées au printemps (le 1er mai) ou en été. Les danseurs évoluent autour d'un grand mât. Dans la seconde, ils tiennent en plus de longs rubans fixés en haut du poteau, et les entremêlent.

Danseurs de morris.

Bâtons, sabres et épées

Dans la danse Morris anglaise, des groupes d'hommes font des pas rythmés selon des motifs déterminés, tout en entrechoquant des bâtons. Dans la danse des sabres écossaise, un seul danseur tourne autour de lames sur le sol. En Europe, les danseurs forment souvent une chaîne, tenant leur épée par la poignée et celle du danseur de derrière par la pointe.

Rythmes d'Orient

Danseurs de *bhangra*.

Dans les cultures traditionnelles de l'Inde et du Pakistan ainsi que dans les pays arabes du Moyen-Orient, **la danse joue un rôle important depuis la nuit des temps**. Ces régions possèdent une grande variété de danses, telles que le *bhangra*, le *kathakali*, le *kathak* et la danse persane. Beaucoup sont liées par une histoire et des traditions communes.

Le rythme *bhangra*

Simple danse folklorique, le *bhangra* était exécuté lors des fêtes des moissons et du Nouvel An dans le Pendjab (région du nord-ouest de l'Inde, près du Pakistan). Ses pas vifs étaient dansés sur des chants et au rythme d'un tambour. Par la suite, le *bhangra* est devenu populaire lors de mariages et de fêtes indiennes d'ampleur nationale, mais avec des variantes régionales. En émigrant, les Pendjabis ont exporté leur danse dans d'autres pays.

Danseurs de *kathak*.

Jeux de sabre

À l'origine, le *kathak* servait d'échauffement avant la bataille aux hommes des tribus du Pakistan et d'Afghanistan. La démonstration de force et de courage qui les animait se retrouve dans la danse actuelle. Vêtus de gilets rouges, les danseurs sautent et tournoient, chacun agitant deux ou trois sabres tranchants.

D'abord la musique…

Pour danser, les percussions sont la base de l'accompagnement, car elles marquent le rythme. D'autres instruments, à cordes ou à anche, ajoutent une mélodie et influencent le ton de la danse.

Le *dohol*

Le *banghra* se danse au rythme d'un tambour à deux peaux, nommé *dohol*.

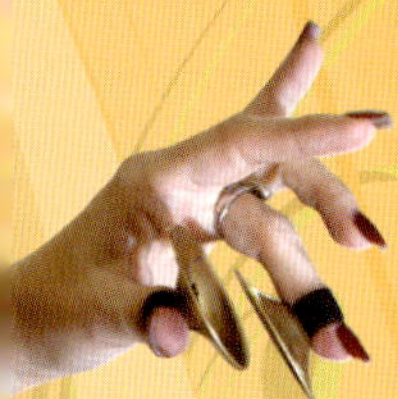

Les sagattes

Une danseuse arabe joue des cymbales de doigt, appelées sagattes.

Les tambours du *kathakali*

L'*idakka* (petit tambour), le *chenda* (tambour vertical) et le *maddalam* (tambour horizontal) sont des instruments de bois accompagnant les danseurs de *kathakali*. Les joueurs les tiennent suspendus à leur cou ou à leurs épaules et les frappent d'un bâton pour produire différentes sonorités.

Idakka.

La *zurna*

Le *kathak* se danse accompagné par une *zurna*, un instrument à vent en bois, terminé par un pavillon.

Le conte

Originaire du Kerala, dans le sud de l'Inde, le *kathakali* (« jouer une histoire ») est l'une des huit danses classiques indiennes. Maquillés et vêtus de costumes sophistiqués, les danseurs content des histoires par le biais d'expressions faciales, d'une gestuelle des mains élaborée, de pas rythmés et de mouvements du corps. À l'origine, les spectacles de *kathakali* n'étaient exécutés que par des hommes ; basés sur des thèmes traditionnels, ils duraient très longtemps. Aujourd'hui, plus courts, ils comportent des contes et histoires venus d'autres cultures, et mettent aussi en scène des danseuses.

Danseurs de *kathakali*.

Les danseuses portent des jupes amples et évasées.

Danse persane.

Magie persane

Exécutée en solo, la danse persane (la Perse est l'ancien nom de l'Iran) met l'accent sur le haut du corps plutôt que sur les jambes et les pieds. Les danseuses improvisent, effectuant des mouvements de hanches circulaires et de gracieux gestes des mains. En Iran, la danse persane est souvent présentée lors de réunions familiales ou privées où tous s'assoient autour de la danseuse.

Nuits d'Orient

La danse orientale (ou danse du ventre), qui remonte, dit-on, à des milliers d'années, est populaire dans le monde entier. Elle est le plus souvent dansée par une femme seule qui improvise, et exécute des mouvements du ventre et des hanches, combinés à des gestes des bras, des épaules et de la tête. Le style varie d'un pays à l'autre.

Une danseuse orientale.

Vent, démons et dragons

Depuis des siècles, Chine, Japon et Corée ont noué des liens artistiques. **Leurs danses partagent donc de nombreuses traditions culturelles**, les danseurs se tenant en général bien droits et évoluant lentement selon des motifs réguliers.

La danse du tambour.

La danse de la joie

Le *yangge* a été dansé pour la première fois il y a environ 200 ans dans des villages ruraux du nord de la Chine, pour remercier le dieu de la Terre. Aujourd'hui, cette joyeuse célébration suit le Nouvel An chinois. Un des points remarquables du *yangge* est que les danseurs s'accompagnent en frappant un tambour, attaché à la taille par une écharpe de soie rouge.

La danse de l'éventail.

Floraison culturelle

Le magnifique *buchaechum* de Corée, ou danse de l'éventail, puise son origine dans des rituels anciens. Les pas en sont gracieux et mesurés. Le point de mire de cette danse, ce sont les grands éventails en papier mûrier, ornés de fleurs peintes, que les danseuses déploient avec une adresse étonnante pour évoquer des vagues, des arbres ou des fleurs.

Le pouvoir du dragon

Dans les quartiers chinois du monde entier, le clou du Nouvel An est une procession colorée menée par un dragon éblouissant. Animal sacré des Chinois, il se fraie un chemin dans les rues, au cours d'une danse destinée à effrayer les mauvais esprits et à attirer la chance. Des danseurs expérimentés soutenant un dragon en carton peint sautent, s'accroupissent et tournent pour animer et faire danser l'animal.

Des danseurs d'*oni kenbai* portant des masques de démon *(oni)* supposés attirer la chance.

La danse du démon

Au Japon, l'*oni kenbai* (danse du démon et de l'épée) est exécuté depuis plus de 1 000 ans ; c'est une danse guerrière, agressive et masculine, censée éloigner les mauvais esprits. Les danseurs tapent du pied et agitent une épée comme s'ils se préparaient à attaquer. Vêtus comme des samouraïs (guerriers), ils portent des cuirasses et des perruques aux cheveux longs.

Danseur de kabuki.

La danse du dragon.

Les danseurs utilisent des bâtons pour animer le corps du dragon.

Le théâtre kabuki

Le kabuki est un théâtre dansé traditionnel hérité du XVIIe siècle. Basé sur des thèmes moraux ou historiques, il fait appel à des dispositifs scéniques élaborés et à des danseurs aux costumes colorés. À l'origine, les femmes y jouaient, puis leur participation fut interdite. Aujourd'hui encore, des hommes tiennent les rôles féminins.

La Troupe nationale de chants et danse des ethnies minoritaires

En 1952, la Chine crée une compagnie de danse nationale pour faire honneur aux traditions et à l'art des quelque 50 groupes ethniques recensés dans le pays. Aujourd'hui, cette troupe, accompagnée par l'Orchestre chinois de musique légère, diffuse la musique et la danse chinoises dans le monde entier, en tant qu'ambassadrice de bonne volonté et d'amitié.

Les danses
de salon

De l'élégante valse au jive entraînant, la danse de salon offre une variété de styles pouvant satisfaire les goûts de chacun. **Rendue célèbre** par les concours télévisés, elle attire sur la piste des danseurs de tous âges !

L'histoire de la danse de salon

Vous dansez ?

Depuis des siècles, des personnes de tous âges aiment danser, que ce soit pour célébrer un événement, prendre part à la vie sociale, ou juste par plaisir. Au fil du temps, **les danses populaires échevelées des siècles passés ont été adaptées**, de manière plus policée, aux espaces publics et aux salons privés. La danse de société, à l'origine de la danse de salon de concours, est une distraction, un moyen de faire de l'exercice et de tisser des liens d'amitié.

Figures médiévales

Comme l'attestent écrits, peintures et manuscrits illustrés de l'époque, on danse déjà au Moyen Âge (entre le ve et le xve siècle). Des danses d'alors, il ne nous reste que les noms, comme la ductie, le *trotto* et la saltarelle. Dans la carole, une des plus connues, les danseurs formaient une ronde et chantaient en se donnant la main.

Carole.

D'un pied léger

Les habits portés sous la Renaissance, souvent trop serrés, lourds et encombrants pour permettre une liberté de mouvement, ne se prêtaient guère à la danse. Pour exécuter la plupart des figures, les danseurs comptaient donc sur leurs pieds, tapant des semelles, sautant et tournant avec énergie. Les moins alertes pouvaient toujours s'adonner à deux danses populaires lentes et majestueuses, la pavane et l'allemande.

Pavane.

La danse en ligne de la Renaissance

Quelques manuels de danse de la Renaissance (période de renouveau culturel entre le xive et le xviie siècle) ont traversé le temps. Ils nous donnent une idée des danses populaires de l'époque dont la plupart étaient simples, et généralement en ligne ou en cercle.

Menuet.

Les françaises préférées

De 1600 aux alentours de 1750, la danse était populaire en Europe. Les danses de société les plus en vogue sont apparues à la cour de France. Très apprécié, le menuet, ponctué de petits pas gracieux, se dansait en couple. Dans la gavotte, une danse populaire, les couples évoluaient en ligne ou en cercle.

En piste !
Au début du XIXe siècle, les femmes délaissent les corsets rigides pour des robes souples et légères leur donnant une grande liberté de mouvement. La danse de société y gagne en amusement et se répand un peu partout. On aime la polka, avec ses sauts et ses pas vifs, et la scottisch, plus lente mais complexe.

Polka.

Sur mon carnet de bal
Aux XVIIIe et XIXe siècles, lors de danses en société (ou bals) les dames portaient un carnet de bal pendu à leur doigt, à leur poignet ou à leur taille, où figuraient la liste et l'ordre de passage de toutes les danses. Les jeunes hommes réservaient leur tour en y inscrivant leur nom.

Au scandale !
La danse atteignit un pic de popularité vers les années 1840, quand un nouvel engouement pour la valse envahit l'Europe (voir p. 38-39). Pour la première fois, les couples dansaient comme aujourd'hui, face à face, et leurs corps se touchaient, ce qui alimenta un scandale qui dura plusieurs décennies. Finalement, la polka adopta le même style, qui devint alors acceptable.

La scandaleuse valse prit l'Europe d'assaut.

Cake-walk.

Un style international
Au début des années 1900, la danse prend un essor international. Des États-Unis arrivent le cake-walk paradeur et le jive entraînant (voir p. 49). Des bas quartiers d'Amérique du Sud, le tango, lent et sensuel, déferle sur l'Europe et au-delà.

Une nouvelle vague
Dans les années 1920 et 1930, une vague de musique populaire, le jazz, fut à l'origine de nouvelles danses de salon que nous pratiquons encore aujourd'hui. De 1940 à 1960, sont établies les règles de base pour les compétitions de danse.

Ballroom Dancing.

La danse de salon à l'écran
En 1992, l'Australien Baz Luhrmann réalisa *Ballroom Dancing* (en anglais, *Strictly Ballroom*), un film musical sur le monde des concours de danse. Grâce à un savoureux mélange de danses de salon, de rythmes latins, d'histoire d'amour et de comédie, il obtint un succès international immédiat.

Un plus grand public
Au XXIe siècle, grâce à la télévision, les danses de salon connaissent un nouvel engouement. Les retransmissions en direct de compétitions de danse de salon et de danse latine où se côtoient célébrités, danseurs professionnels et amateurs touchent un large public à travers le monde.

L'émission télévisée *Dancing with the Stars.*

L'univers de la danse de salon

La danse de société a gagné en popularité vers 1930, et aujourd'hui **des compétitions ont lieu dans le monde entier**. À chaque danse correspond un ensemble bien précis de pas et de règles de maintien, de posture, de style et de tenue vestimentaire strictes.

Le décor

Les compétitions se tiennent à deux niveaux : professionnels (les participants gagnent leur vie en enseignant et en faisant des compétitions) et amateurs. Les deux principales catégories sont la danse de salon et la danse latine. La première comprend la valse, la valse viennoise, le foxtrot, le quickstep et le tango. La seconde le cha-cha-cha, la rumba, le paso doble, la samba et le jive.

Couples dansant la valse lors du Festival de danse de Blackpool, une compétition prestigieuse qui se tient en Angleterre.

Question d'âge...

Les compétitions d'amateurs de danse de salon sont ouvertes à presque tout le monde. Pour les moins de 19 ans, il peut y avoir une seule catégorie ou bien plusieurs, comme *juvéniles* (moins de 12 ans) et *juniors* (entre 12 et 16 ans). Dans certains pays, à partir de 16 ans, les danseurs sont dans la catégorie *adultes* et, à partir de 35 ans, parmi les *seniors*.

Compétiteurs de danse de salon juniors.

Juges attribuant des notes lors d'une compétition de danse télévisée.

Le prix est attribué à...

En compétition, les juges notent les danseurs selon divers critères tels que la posture, la synchronisation, le maintien en couple et la façon dont ils évoluent sur la piste. Les couples ont entre 90 secondes et deux minutes pour exécuter leur danse parmi d'autres danseurs exécutant le même numéro.

Danse de groupe.

Tous ensemble !

En danse de salon, des épreuves concernent les couples en groupe. Il existe deux sortes de danses collectives : les danses en séquence ou en formation. En séquence, tous les couples font les mêmes pas, dans la même direction, en même temps. En formation, ils effectuent les mêmes pas de base, mais évoluent dans des directions différentes pour créer une série de lignes et de motifs imbriqués.

Le costume de l'homme

Dans les compétitions de danse de salon, les hommes s'habillent en général de façon stricte, en veste à queue-de-pie, avec une chemise et un nœud papillon blancs. Les costumes sont souvent noirs, parfois gris ou bleu foncé. Les plus jeunes ne portent pas de queue-de-pie, mais des pantalons noirs, une chemise blanche et un nœud papillon noir.

Un costume à queue-de-pie.

Robe de danse de salon contemporaine.

Le costume de la femme

Les robes longues et évasées, les tissus fluides visant à mettre en valeur les mouvements de la danseuse sont typiques de la danse de salon. Au fil des ans, les styles ont changé : dans les années 1950, les robes sont beaucoup plus courtes, les jupons se superposent ; dans les années 1980 et 1990, l'ourlet se pare volontiers de plumes d'autruche. Aujourd'hui, on observe une grande variété de couleurs, de styles et de motifs avec souvent des strass pour briller de mille feux sous les projecteurs. Les femmes chaussent des escarpins à talons dont les semelles sont en daim. Et les plus jeunes portent des robes courtes et des chaussures à talons carrés.

Au commencement…

Vilaines valses !

Le mot *valse* vient de l'allemand *waltzen* (« glisser, tourner »). Au début, cette danse fut jugée « choquante » et « coupable », car les danseurs, même de parfaits inconnus, se serraient l'un contre l'autre. Après 1816, date où le prince-régent britannique l'autorisa dans les bals, la valse devint populaire dans le monde entier.

Danseurs de valse lors d'un bal viennois.

Le roi de la valse

À partir des années 1830 et 1840, la valse connaît un véritable engouement. Le compositeur autrichien Johann Strauss fils a composé d'innombrables airs qu'il joue en tournée dans de vastes salles de danse flambant neuves pouvant contenir des milliers de personnes. Ses compositions populaires lui valent le surnom de « roi de la valse ».

▲ Couverture de la partition de *Chronique de Vienne*, une valse jouée par Johann Strauss fils à Saint-Pétersbourg, en Russie, en 1862.

Valses virevoltantes

La valse, gracieuse, aux pas glissés, est parfois surnommée la « reine des danses ». **Sur la piste**, c'est l'une des **favorites**. On l'exécute de façon classique, telle la valse viennoise follement tourbillonnante, ou plus posément, en valse lente. Des variations modernes, plus relâchées, baptisées cajun, mexicaine, country ou western, sont également devenues populaires.

Contes de Vienne

La première à faire tourner les têtes fut la valse viennoise, vive et tournoyante. Née dans la capitale autrichienne à la fin du XVIIIe siècle, elle s'inspirait des danses paysannes bavaroises et autrichiennes, notamment du *ländler*. Bien que simple en apparence et dotée d'un nombre de pas limité, elle est en fait très rapide et difficile. Les couples tournent dans le sens inverse des aiguilles d'une montre pendant un long moment, puis changent de sens. Le rapide mouvement de rotation de la valse viennoise peut s'avérer difficile pour des débutants.

Les queues-de-pie des hommes sont empesées pour leur donner de la tenue.

En douceur

Comme la valse viennoise, dont elle dérive, la valse de salon (ou valse lente) tourne elle aussi, mais en douceur et beaucoup plus lentement. Soudés l'un à l'autre, les danseurs évoluent sur une musique cadencée, en effectuant de belles figures (voir p. 44-45). Ils glissent tout autour de la piste avec des mouvements fluides, apparemment sans effort. Les éléments clés de la danse – le pivot, le balancement, l'essor et la chute – sont plus prononcés dans la version lente que dans la valse viennoise.

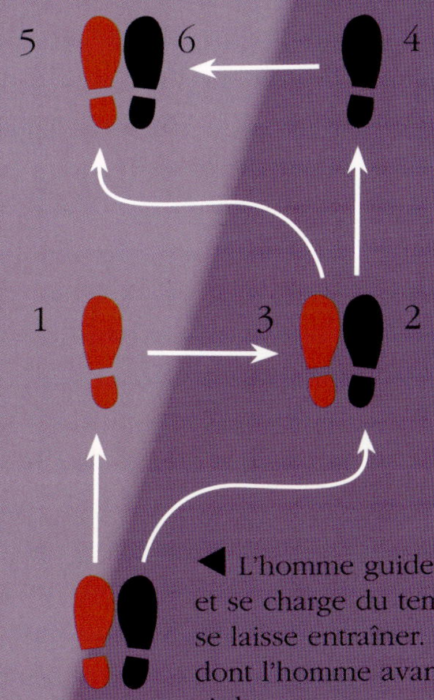

◀ L'homme guide les pas et se charge du tempo, la femme se laisse entraîner. La façon dont l'homme avance est présentée ci-dessus.

▲ Les danseurs de salon expérimentés parviennent à retranscrire l'expressivité et le romantisme de la valse.

Des pans de tissu léger accrochés aux bras et aux poignets flottent dans le sillage des valseuses.

Tu iras au bal

La valse ne se résume pas à une danse de concours, elle figure aussi parmi les danses de bal favorites. Dans le célèbre conte de fées, la première danse de Cendrillon était une valse, et de nos jours, bien des bals de bienfaisance, organisés pour collecter des fonds au profit d'œuvres humanitaires, la mettent à l'honneur. En général, c'est par une valse que les bals costumés se terminent, et que les jeunes mariés ouvrent les festivités.

Les deux tangos

Il y a **plusieurs façons de danser le tango**, l'une des plus courantes est la « danse de salon », ou tango « moderne ». Une autre version populaire est le tango argentin, plus libre et plus flamboyant, qui se danse sur différents types de musiques.

Spectacle de tango argentin à Buenos Aires.

◀ Le tango de salon, sur une illustration française de 1914.

Tango de salon

À l'origine, le tango était une danse improvisée, mais dans sa version de salon, les pas suivent des directives fixes et précises. Les partenaires restent presque en permanence hanche contre hanche, le buste cambré pour garder une certaine distance, et changent souvent de direction. Dans les concours, il ne leur est pas permis de relâcher leur étreinte. Postures théâtrales, gestuelle nerveuse et pas de deux ambigu, ponctué de vifs mouvements de tête, font l'attrait du tango.

Au commencement...

Une danse de rue

À l'origine, la plupart des danses de salon étaient organisées pour les classes moyennes et supérieures, mais le tango a surgi des quartiers les plus pauvres de Buenos Aires, en Argentine. Vers la fin du XIXe siècle, l'Amérique du Sud était peuplée d'immigrants, souvent espagnols et africains, qui avaient importé leurs musiques et leurs danses. Trop pauvres pour organiser d'élégantes fêtes, et l'enregistrement n'existant pas encore, ils dansaient le tango au son d'orchestres de bar ou dehors, sur le trottoir. Contrairement aux danses européennes formelles, cette nouvelle danse était improvisée. Séduisante, elle se distinguait par son style et son humeur.

Pancarte de rue illustrée par un tango, dans le quartier de La Boca, à Buenos Aires.

Entre hommes

Au début de l'ère du tango, il y avait plus d'hommes que de femmes à Buenos Aires, pour la plupart des ouvriers citadins et des gauchos (cow-boys d'Amérique du Sud) qui se démenaient pour attirer une partenaire. Et leur carte maîtresse dans le jeu de la séduction était d'affûter leur façon de danser. Les femmes étant rares, les hommes s'entraînaient ensemble au tango. Et ils dansaient dans les bars, ou dans la rue quand ils n'avaient pas de quoi se payer une consommation.

La musique en soi

La musique du tango se distingue par son originalité tout autant que la danse. Souvent instrumentale, elle est parfois chantée. La plupart des connaisseurs s'accordent pour dire que le tango, malgré son origine espagnole, est également fortement influencé par les rythmes africains.

Le tango argentin

Depuis les années 1980, le tango argentin est de plus en plus présent sur les pistes de danse. Son style improvisé est plus proche de la danse originale que la version de salon. Les danseurs évoluent, les corps soudés l'un à l'autre et les jambes entrecroisées ou enlacées. Il est l'une des nombreuses variations de cette danse plus que centenaire, de même que le *tango nuevo*, ou « nouveau tango », qui, depuis ses débuts dans les années 1950, ne cesse d'évoluer. Il résulte d'un relâchement des attitudes et d'un mélange de tango traditionnel, de jazz, de musique classique et autres. Le néotango en est une version extrême, qui se danse sur de la musique techno et électronique.

Chaussure de tango.

L'homme entraîne la femme pas à pas.

Dans un mouvement qui s'appelle la *sentada*, la danseuse croise les jambes autour des hanches de son partenaire.

▲ Les robes des danseuses de tango argentin sont fendues et arrivent à la hauteur du genou. Les hommes portent des chemises et des pantalons moulants.

Des racines **américaines**

Le foxtrot et le quickstep sont des danses de salon très populaires, **originaires d'Amérique**. Si elles ont le même style, le foxtrot allie plutôt élégance et subtilité, le quickstep classe et éclat. Le foxtrot fait partie des danses pouvant se danser « à l'américaine », c'est-à-dire avec plus de fluidité.

▲ Couverture d'une partition de 1915 d'un morceau de foxtrot jazzy composé par Ferd Morton.

Les nœuds papillons et les queues-de-pie sont de rigueur pour les hommes.

Élégante et flottant joliment, la robe de cette danseuse convient à la perfection au gracieux foxtrot.

Dans le foxtrot moderne, les pas glissent en douceur.

Le foxtrot

En 1914, Harry Fox, un artiste de music-hall, adapte les pas de « trot » de son numéro habituel au ragtime, nouvelle musique de l'époque, donnant ainsi son nom à la danse : le *Fox's trot* (le « trot de Fox »). Les mouvements des danseurs se font plus fluides, avec de simples pas en avant et sur le côté, lents ou rapides, qui donnent une impression de glissement. Une version plus basique, le foxtrot social, convient parfaitement aux occasions informelles. En compétition, il est plaisant de regarder les couples tournoyer, aériens, sur la piste.

Rythmes de big band

À l'origine, on dansait le quickstep sur du ragtime, style datant des débuts du jazz. Quickstep et foxtrot furent ensuite exécutés sur une musique de jazz ou de swing, rendue populaire par les big bands des années 1930 et 1940. Aujourd'hui, ces deux danses s'adaptent à toutes sortes de styles musicaux.

Orchestre de jazz britannique des années 1950.

Couple dansant le quickstep.

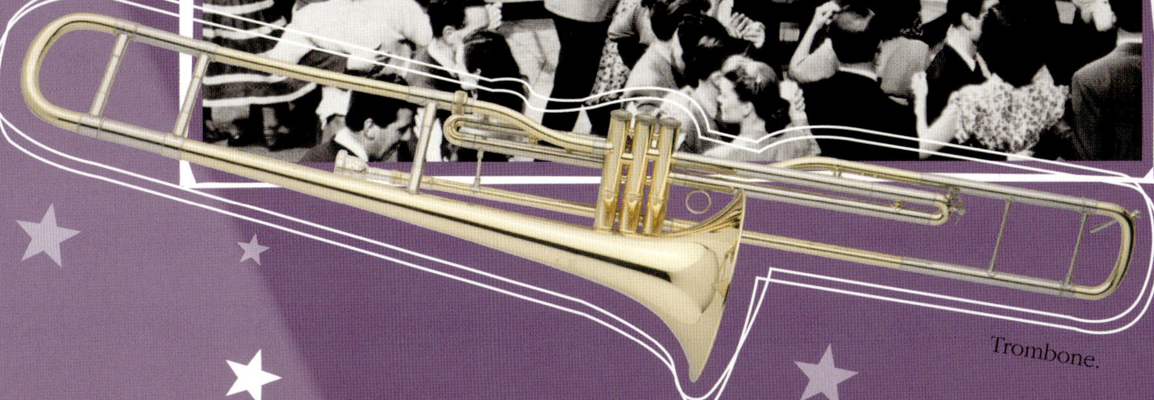

Trombone.

En douceur

Le style américain n'est pas une danse, mais une façon de danser. Depuis les années 1920, il représente une alternative au style standard européen pour les danses de salon telles que le foxtrot, la valse et le tango. Le style américain permet aux danseurs de relâcher leur prise, ce qui n'est pas autorisé par la règle standard. Un foxtrot américain est plus enlevé et plus jazzy que dans la version conventionnelle. Les danseurs peuvent se séparer et réaliser des figures spectaculaires, comme le *spin* (la toupie).

Le quickstep

Le quickstep, souple et élastique, est beaucoup plus rapide et léger que le foxtrot. En partie influencés par les rebonds du charleston des années 1920, les sauts, bonds, enjambées et jetés de jambe des danseurs donnent l'impression que leurs pieds touchent à peine le sol. Les couples ont besoin de beaucoup de place sur la piste. Stylé, le quickstep procure du plaisir : rien qu'apprendre les pas de base peut être un vrai bonheur.

◀ Les célèbres danseurs Fred Astaire et Ginger Rogers firent connaître le style américain dans de nombreux films des années 1930 et 1940.

Leçon de *danse*

Toute danse de salon, ou danse latine, a ses techniques et ses positions. Il faut de la **persévérance et des années de pratique** pour se perfectionner. Les danseurs expérimentés donnent le sentiment de se déplacer sans effort.

« Les vacances scolaires sont pour nous l'occasion de nous entraîner davantage ! »
Liam et Natalie

Des passes élégantes

Dans la danse de salon, les passes sont les formes, incurvées ou droites, que dessinent les corps des danseurs, en s'étirant des orteils jusqu'au bout des doigts. L'*oversway*, le *throwaway oversway*, le *contra check* et le *hinge* sont des mouvements des danses dites « tournantes » tels la valse et le foxtrot, et figurent aussi parfois dans le tango.

Le buste de la fille est incliné vers la gauche, son poids reposant sur son pied droit. Le corps du garçon est orienté vers la droite.

Le garçon tend la jambe droite en arrière, et plie la jambe gauche devant lui. Il se cambre pour rester à distance de sa cavalière et la regarde. La fille adopte la même position, créant avec son corps une belle courbe, et regarde le public.

▼ Numéro de rumba
Ci-dessous des pas de base, dont le *fan*, le tour *alemana* et le *hip twist*.

De jeunes danseurs fêtent leur victoire dans une compétition.

Au berceau…

Devenir un danseur de salon expérimenté prend du temps, aussi certains préfèrent commencer très tôt… On peut apprendre dès l'âge de trois ou quatre ans, et il existe des concours en catégorie juvénile. Assister aux leçons, s'entraîner avec des partenaires et participer aux compétitions le week-end est parfois difficile. Mais pour beaucoup de jeunes danseurs, danser rime avec plaisir et excitation d'être sur la piste !

Les pieds des partenaires sont alignés et leurs jambes pliées. Le garçon avance du pied gauche, la fille recule du droit. Tous deux gardent le talon droit levé. Le garçon regarde la fille se pencher gracieusement en arrière, sur la gauche.

Le garçon prend appui sur sa jambe gauche pliée et tend la jambe droite en arrière, légèrement de côté. La fille prend aussi appui sur sa jambe gauche et tend la jambe droite en avant, près du pied droit du garçon.

Les positions de danse de salon

Les positions *promenade*, *fermée* et *tango* définissent le positionnement des bras et des mains du couple et constituent une partie importante de la danse. Dans la position promenade, le couple forme un V, la hanche droite du garçon touchant la hanche gauche de la fille. Ils se tiennent la main à hauteur d'épaule et regardent du même côté, la fille tournant la tête à droite et le garçon à gauche.

Position fermée

C'est la position de danse de salon la plus courante.

Les danseurs se tiennent la main au niveau du regard.

La main droite du garçon repose sur l'omoplate de la fille.

La fille tend le pied droit sur le côté et son poids repose sur son pied gauche.

La position tango

Cette position concerne uniquement le tango. Le couple se tient comme en position fermée, mais plus serré.

Le bras gauche de la fille entoure le bras du garçon et sa main repose en dessous.

Les mains sont légèrement plus basses que dans la position fermée.

Les danseurs rapprochent leurs pieds, le gauche légèrement en avant et les genoux fléchis.

Rythmes latins

Contrairement aux danses de salon, les danses latines **(cha-cha-cha, rumba, samba, paso doble et jive)** permettent aux couples de relâcher leur étreinte à un moment donné et à chacun de danser alors séparément. Chaque danse possède son caractère et sa technique propres.

Une éblouissante rumba cubaine, exécutée par la compagnie de danse Rakatan de La Havane.

Bien plus courtes que celles des danses de salon, les robes de danse latine dévoilent le jeu de jambes.

Compétiteurs de cha-cha-cha.

Les semelles en daim permettent aux danseurs d'évoluer plus facilement sur la piste.

Cha-cha-cha

Le nom du cha-cha-cha, danse dérivée des rituels antillais, vient du *chacha*, calebasse remplie de graines, utilisée par les orchestres vaudous traditionnels. Apparu à Cuba dans les années 1950, le cha-cha-cha s'inspire à la fois du mambo cubain (encadré de droite) et du swing américain. Son rythme est facile à identifier. Les danseurs gardent les jambes raides et n'hésitent pas à se déhancher.

Les tenues des danses latines

Les robes, conçues pour attirer l'œil, sont en général courtes, brillantes et colorées. Les hommes portent des pantalons moulants, habituellement noirs, et des chemises incrustées de strass. En compétition, les danseurs débutants doivent porter des habits sobres et unis, dépourvus d'ornements.

La rumba

Le mot *rumba* vient de l'espagnol *rumbear*, « faire la fête ». C'est la plus traînante des danses latines, et elle requiert force et contrôle de la part des danseurs. Comme souvent dans le style latin, elle puise ses racines dans des danses africaines religieuses ou cérémonielles et suscite des déhanchements accentués. Sa lenteur et sa sensualité rendent la rumba, parfois surnommée « danse de la passion », particulièrement romantique. Elle raconte souvent l'histoire d'une femme qui flirte avec son partenaire avant de le rejeter.

Le paso doble se caractérise par des attitudes souples.

Le paso doble

Le paso doble (« pas double » en espagnol) s'inspire des traditionnelles corridas ibériques. L'homme représente le matador (toréador) et sa partenaire, la cape. Les corps des danseurs dessinent une gestuelle théâtrale, et certains de leurs pas ressemblent à ceux du flamenco (voir p. 20-21). L'excitation que suscite la danse n'a d'égale que l'expressivité de sa musique. Le paso doble exige beaucoup de place et sa chorégraphie souligne les moments musicaux forts ; il est avant tout dansé en compétition. Autrefois réservé aux Espagnols d'origine modeste, il devint ensuite à la mode dans les classes aisées du Paris des années 1930. Certains pas de paso doble portent un nom français, comme par exemple le pas chassé.

Danseurs de paso doble.

Des racines et des branches

Il existe de nombreuses autres danses latines : certaines ont inspiré les versions officielles ; d'autres, plus récentes, en sont dérivées.

La lambada

Cette danse brésilienne des années 1980, caractérisée par des ondulations et des mouvements corps contre corps, se danse en principe sans chaussures, sur la pointe des pieds.

Le mambo

Cette danse des années 1940 a influencé le cha-cha-cha plus lent, mais plus populaire. Le mambo s'inspire de la rumba et du jazz américain tout en ayant déjà le rythme distinctif du cha-cha-cha.

Le merengue

Le merengue, l'une des premières danses latines, descend de la tradition populaire de la République dominicaine. D'humeur légère, il alterne les rythmes lents et rapides avec une prédilection pour le pas de côté.

La zumba

Cette danse de style fitness apparue dans les années 1990 est à présent pratiquée dans les salles de gym et les studios de danse du monde entier. Elle combine des rythmes latins internationaux, l'énergie de l'aérobic, des figures empruntées à la salsa, à la samba, au mambo et au merengue.

C'est *la fête*

La samba et le jive, les deux danses latines « festives » figurant au programme des compétitions, débordent d'énergie, d'exubérance et de séduction. Ces **danses rapides** sont nées lors du carnaval (samba) et dans les clubs de danse (jive).

La samba

La samba puise ses origines dans le creuset des populations du Brésil – Indiens, colons portugais, esclaves africains. Elle est arrivée aux États-Unis dans les années 1920. Les danseurs couvrent toute la piste d'un pas rapide et élastique, tout en suivant les variations de rythme de la musique.

Les femmes portent de nombreux ornements scintillants.

Danseurs de samba.

Le Carnaval

On danse la samba au Carnaval de Rio de Janeiro, au Brésil. Cette fête précède le carême, période de jeûne traditionnel pour les chrétiens. Le Carnaval est un festival de rue géant, avec des chars élaborés, des costumes, des masques, de la musique et de la danse.

Le jive

De toutes les danses de salon de compétition, le jive est la plus rapide et la plus énergique. Si les danseurs n'occupent pas une grande surface de la piste, le jive exige des tours et des lancés de jambe élaborés qui mettent le rythme en valeur. Beaucoup de mouvements sont effectués côte à côte, parfaitement à l'unisson. Les portés et les sauts sont plutôt réservés aux spectacles ou aux fêtes privées, ils sont interdits en compétition.

Les danseurs de jive portent souvent des habits des années 1940 ou 1950, un clin d'œil aux origines de la danse.

Un porté.

▲ Les soldats américains apportèrent le jive en Europe pendant la Seconde Guerre mondiale. Cette danse s'inspirait de styles américains proches du jazz, tels que le *jitterbug*, le *swing* et le *Lindy hop*.

La salsa

La salsa, très populaire auprès des amateurs et des professionnels du monde entier, ne figure pas parmi les danses de compétition officielles. Romantique, attrayante et rapide, elle est un mélange de styles latin et afro-caribéen venus de Cuba et de Porto Rico au début du xxe siècle. *Salsa* (« sauce » en espagnol) fait allusion au côté épicé et torride de la danse. Les deux partenaires, côte à côte, pivotent et tournent avec maestria sous le bras l'un de l'autre.

Compétiteurs de salsa.

Une danse pour tous

Les danses latines et de salon sont amusantes, mais, pour progresser et participer à des compétitions, il faut apprendre des techniques précises et s'entraîner. On a aussi besoin d'un partenaire. Pour **ceux qui ont juste envie de se lever et de bouger**, la danse en ligne et le ceroc sont deux options agréables qui ne demandent aucun apprentissage particulier.

Alignez-vous

Courte ou longue, la séquence d'une danse en ligne reste la même et implique souvent un changement de direction. Dans une danse dite « sur deux murs », les danseurs finissent dans le sens opposé à celui du départ. Celle sur quatre murs exige un quart de tour à droite ou à gauche à la fin de chaque séquence. Toutes les danses en ligne sont notées en fonction de leur difficulté, ainsi les débutants peuvent commencer par des chorégraphies courtes et simples pour progresser peu à peu.

Des pas simples
Les danseurs en ligne apprennent d'abord les pas en exécutant lentement la chorégraphie. Ils les mémorisent et commencent à danser assez rapidement.

Au commencement...

Une histoire d'hommes
La danse en ligne est apparue en Amérique du Nord au début du XIXe siècle, au sein de populations exclusivement masculines, comme les villes de mineurs. Les hommes trouvaient ainsi le moyen de prendre plaisir à la danse et à la musique malgré l'absence de femmes. Les danses en ligne modernes sont nées à la fin des années 1970, sur des séquences fixes, répétées sur tout un morceau.

Billy Ray Cyrus.

La musique et l'habit
Les premières danses en ligne modernes étaient exécutées sur la musique de l'époque, rock, pop et country. Un des morceaux favoris était *Little Red Book*, inspiré du 45 tours du même nom des Drifters. Mais ce fut au début des années 1990, quand Billy Ray Cyrus sortit son grand tube de country *Achy Breaky Heart*, que les danseurs en ligne revêtirent des bottes et chapeaux de cow-boy, un look qui perdure aujourd'hui. La danse en ligne actuelle s'accompagne de musiques variées, de la pop au jazz.

Chapeau de cow-boy.

Le ceroc ressemble au jive, en plus facile.

Le ceroc, c'est du rock !

Une version du jive appelée ceroc (du français « c'est le roc », c'est *rock*) est apparue à la fin des années 1980. Les pas de base, mouvements et chorégraphies peuvent en être enseignés à des groupes importants d'apprenants de même niveau. On peut le danser vite ou lentement, avec des pas en avant, en arrière et des tours, au lieu des mouvements compliqués du jive de compétition. Il permet aux danseurs confirmés beaucoup de variations.

▼ Danser le ceroc
Les cours et les soirées de ceroc ont souvent lieu dans de grandes salles où des centaines de gens dansent ensemble, dans la bonne humeur.

En cours de ceroc

Bien que dansés en couple, les cours de ceroc accueillent également les personnes seules. Des professionnels expérimentés, les danseurs mondains, sont là pour aider les débutants et s'assurer que personne ne reste sans partenaire. Tout au long du cours, les danseurs changent de partenaire. Le ceroc convient à de nombreux styles musicaux : swing, rock and roll, musique pop... Aucune tenue spéciale n'est requise, si ce n'est des chaussures confortables à semelles souples qui n'adhèrent pas au sol.

◀ La danse en ligne
Tout le monde danse dans le même sens et effectue des pas identiques en même temps.

Le ballet **classique**

Un ballet de danse classique est un spectacle merveilleux qui exige des danseurs un engagement exceptionnel. L'élégance du corps de ballet du *Lac des cygnes* transporte le public dans un **monde magique**.

L'histoire du **ballet**

Au commencement...

En plusieurs siècles, le ballet est sorti de la sphère privilégiée des divertissements de cour pour devenir un spectacle ouvert à tous. **Perfectionnée** sur les grandes scènes de France, d'Italie, de Scandinavie, de Russie, la **danse classique** est aujourd'hui présente dans tous les pays du monde.

Le roi du ballet

Le ballet classique a germé à la cour de Louis XIV, le Roi-Soleil. Amateur de danse, il créa l'Académie royale pour promouvoir cette discipline. Le ballet étant né en France, les positions, les instructions et les pas portent encore aujourd'hui des noms français.

Danse à la cour de Venise.

Bals à la cour royale

En Europe, vers 1450, en pleine Renaissance (période de renouveau culturel), il était de bon ton d'organiser de grands spectacles en l'honneur des familles régnantes. Dans ces tableaux complexes, le théâtre et la musique se mêlaient aux danses formelles exécutées par les rois, les princes et les courtisans. En Italie, où commença la Renaissance, ces premières danses s'appelaient *balletti.*

Les premières stars

L'Académie royale de danse ferma peu avant la Révolution. La plus ancienne école de danse, fondée en 1713, lui survécut, rattachée à l'Opéra de Paris qui, à son tour, créa une compagnie. Au début du XIXe siècle, elle présentait des danseurs étoiles et des chorégraphes tels que Jules Perrot, auquel on doit des ballets féeriques de style romantique.

Pas de quatre de Jules Perrot, 1845.

La danse dans le Nord

La danse est devenue populaire à la cour danoise dans les années 1500. En 1771, une compagnie et une école officielles de ballet, regroupées sous le nom de Ballet royal danois, furent fondées. Au début, la compagnie était dirigée par Auguste Bournonville, danseur, professeur et chorégraphe, une figure tutélaire de la danse. En 1773, le roi Gustave III fonda à Stockholm le Ballet royal suédois, une compagnie respectée, mais un peu moins réputée que sa voisine danoise.

Auguste Bournonville.

Légendes italiennes

Au début du XIXe siècle, le théâtre de la Scala de Milan était considéré comme l'un des centres incontournables du ballet romantique. Une des meilleures danseuses de l'époque, Marie Taglioni, d'origine suédoise, s'y produisait souvent. Autres danseuses célèbres de l'école de la Scala : Carlotta Grisi et Pierina Legnani, qui connut le succès à Saint-Pétersbourg, en Russie.

Pierina Legnani.

Gloire impériale

Le ballet a vraiment prospéré en Russie à la fin du XIXe et au début du XXe siècle, avec deux excellentes écoles et compagnies de danse : le Bolchoï à Moscou et le Ballet impérial du théâtre Mariinsky de Saint-Pétersbourg. Des danseurs, professeurs, chorégraphes et décorateurs d'exception y collaboraient pour créer les plus beaux ballets du monde.

Casse-Noisette au théâtre Mariinsky, en 1892.

Précieuse musique

Le ballet russe a connu son âge d'or quand la musique de ballet a commencé à être composée sérieusement. Auparavant, ce n'était qu'un patchwork de différents morceaux. Mais au XIXe siècle, avec *Le Lac des cygnes*, *La Belle au bois dormant* et *Casse-Noisette*, trois grands ballets de Tchaïkovski, le vent tourne et la qualité musicale est désormais recherchée.

Michel Fokine et Tamara Karsavina, dans *L'Oiseau de feu*, ballet de 1910.

Un nouveau style

Les années 1920-1930 marquèrent de grands changements. Certes, les contes de fées, les tutus immaculés et les décors enchantés attiraient toujours le public, mais divers styles de danse moderne (voir p. 82-83) apparurent. Des danseurs et des chorégraphes d'un style nouveau tentèrent de raconter des histoires vraies ou d'exprimer des mouvements et des sentiments par le biais de la danse, sans recourir à une intrigue. Ils eurent sur le ballet une influence durable.

La traversée de l'Atlantique

Au début du XXe siècle, une nouvelle compagnie, les Ballets russes de Diaghilev (voir p. 56-57), prit l'Europe d'assaut. Puis deux danseurs-chorégraphes de ces ballets, George Balanchine et Michel Fokine, traversèrent l'Atlantique, exportant l'esprit de Diaghilev aux États-Unis, où le ballet gagna rapidement en popularité.

Mikhaïl Baryshnikov.

Fuite à l'Ouest

Le ballet russe était le plus apprécié du public au début du XXe siècle. Mais bientôt, pour des raisons politiques, les compagnies de danse et les citoyens russes ne furent plus autorisés à voyager librement. Le Bolchoï fit cependant une première tournée à l'étranger, strictement encadrée, en 1956. En 1961, le jeune Rudolf Noureev (voir p. 78-79), en tournée avec le Ballet Kirov (aujourd'hui Mariinsky), se réfugie à Paris. Les années suivantes, d'autres passent à l'Ouest, comme Mikhaïl Baryshnikov. Aujourd'hui, les barrières sont levées, et les danseurs russes peuvent se produire dans le monde entier.

Le ballet au cinéma

Depuis le XXe siècle, les films dont l'intrigue se situe dans le monde du ballet sont populaires. La plupart présentent une vie en coulisses peu réaliste, mais la danse y est de qualité. Les rôles principaux reviennent en général à des danseuses étoiles. Une des pionnières en la matière fut Moira Shearer, du Sadler's Wells Ballet, qui tourna dans *Les Chaussons rouges* en 1948. Le grand danseur russe Mikhaïl Baryshnikov a aussi connu le succès dans des films comme *Soleil de nuit* et *Le Tournant de la vie*.

Moira Shearer dans *Les Chaussons rouges.*

Enregistrements publics

Au début réservé aux têtes couronnées et aux riches aristocrates, le ballet s'est démocratisé. Au XXIe siècle, cette merveilleuse discipline touche un public plus large que jamais. De nombreuses maisons d'opéra enregistrent en live leurs spectacles de ballet et les diffusent sur le grand écran. Ainsi, chacun peut aller admirer des compagnies internationales, près de chez lui, au cinéma.

Biographie

1872 : né à Novgorod, en Russie, fils de Pavel, aristocrate fortuné et officier de cavalerie. Sa mère meurt alors qu'il a trois mois.

1896 : quitte l'université après des études de droit et de composition musicale. Étudiant, il voyage beaucoup et développe un grand sens artistique.

1899 : fonde le périodique *Mir Iskousstva (Le Monde des arts)* avec un groupe d'artistes et d'écrivains. Révolutionnaire pour l'époque, le magazine publie des essais sur la littérature, l'histoire de l'art et des articles critiques.

1900 : est nommé directeur des théâtres impériaux russes.

1907 : présente à Paris cinq concerts de musique russe. En 1908, il monte *Boris Godounov,* opéra de Moussorgski. Suite à cela, en 1909, il est invité à organiser une saison de ballets et d'opéras russes, qui connaît un grand succès.

1911 : quitte la Russie et fonde les Ballets russes, sa propre compagnie, qui fait des tournées internationales pendant presque deux décennies.

1929 : meurt et est enterré à Venise.

Influences

Richard Wagner (1813-1883)

Jeune homme, Diaghilev aimait la musique de Wagner. Après avoir vu un de ses opéras, il écrivit à sa belle-mère : « Tout y est, et surtout le triomphe de la beauté dans sa vérité. »

La Russie

Diaghilev était fortement enraciné dans la culture de sa patrie. Il ne revint jamais en Russie après 1911, mais, dans ses spectacles, il accordait toujours la priorité à des peintres, compositeurs et danseurs russes.

Serge de **Diaghilev**

« J'ai deux idoles, le succès et la gloire. »

Bien que n'étant ni danseur ni chorégraphe, Serge de Diaghilev eut un impact primordial sur le ballet. C'était un imprésario, un organisateur. La compagnie qu'il fonda, les **Ballets russes**, fit connaître le ballet en Europe et en Amérique.

Nijinski dans *Petrouchka*, en 1911.

La patte du maître

Les ballets de Diaghilev étaient innovants ; les danseurs jouissaient d'une étonnante liberté de mouvement, en harmonie avec le décor et la dramaturgie. Les danseurs masculins ne servaient plus de faire-valoir auprès des ballerines, mais tenaient des rôles de premier plan. Plusieurs courts ballets étaient souvent dansés, au lieu d'un seul long spectacle.

Costume moderne pour *Le Sacre du printemps.*

Des partitions de rêve

Avant la « révolution » Diaghilev au début du XXe siècle, la musique de ballet était souvent de piètre qualité, à l'exception des chefs-d'œuvre de Tchaïkovski. Pour ses Ballets russes, Diaghilev eut recours aux plus grands : Igor Stravinsky, Maurice Ravel, Claude Debussy, Erik Satie et Francis Poulenc, intriguant voire choquant parfois le public par ces nouvelles sonorités. Il utilisait aussi de la musique existante, par exemple des valses de Chopin pour le ballet *Les Sylphides.*

Couverture de l'artiste russe Léon Bakst pour un programme des Ballets russes.

L'esthétique de son siècle

Diaghilev fut pour les peintres et les décorateurs une source d'inspiration. Deux de ses amis, Alexandre Benois et Léon Bakst, réalisèrent des costumes et des décors aux couleurs vives et intenses pour les Ballets russes. Plus tard, il fit appel à des artistes connus, tels que Georges Braque, Pablo Picasso et Henri Matisse. Ses ballets ont aussi inspiré des stylistes de mode et ont beaucoup influencé le style Art déco.

Ballet Mariinsky, *Les Noces*.

Un héritage durable

À la mort de Diaghilev, sa compagnie se dispersa. La plupart des danseurs rejoignirent la troupe des Ballets russes de Monte-Carlo, qui se scinda bientôt en deux troupes. Léonide Massine, ancien danseur et chorégraphe de Diaghilev, dirigea l'une d'elles, le Ballet russe de Monte-Carlo, basée à New York. Les ballets de Diaghilev sont encore dansés par de grandes compagnies, et les créateurs qu'il a inspirés ont répandu son influence à travers le monde.

Danser une histoire

La fin du XIXe siècle marque l'âge d'or des **ballets de grandes dimensions** aux histoires d'amour merveilleuses et tragiques. Nombre d'entre eux sont encore présentés de nos jours, au même titre que des œuvres plus extravagantes du XXe siècle.

▼ ***Giselle*** Inspirée d'une vieille légende, *Giselle* raconte l'histoire d'une jeune paysanne trahie par l'homme qu'elle aime. Elle meurt de chagrin et se transforme en wili, un des terribles fantômes entraînant les hommes vers la mort. Ce ballet fut d'abord chorégraphié en 1841, mais la version actuelle est celle de Marius Petipa, créée en 1884.

▶ ***Le Lac des cygnes*** Les personnages de cette histoire où l'amour triomphe sont un prince charmant, des jeunes filles ensorcelées et un méchant magicien. Ce ballet, sur une célèbre musique de Tchaïkovski, est l'un des plus représentés. Il connut un échec à ses débuts, en 1877, mais devint populaire quand Marius Petipa et Lev Ivanov le tirèrent de l'oubli, en 1895.

▶ ***Coppélia*** Ce ballet réjouissant raconte l'histoire du Dr Coppélius, un fabricant de jouets obsédé par l'idée de donner vie à une poupée. Coppélia, sa création, est réaliste au point que les habitants du coin s'y méprennent et que Franz, un jeune villageois, en tombe amoureux. Jalouse, Swanilda, la fiancée du jeune homme, décide alors de lui donner une leçon. Après bien des ruses et des malentendus, tout est bien qui finit bien. *Coppélia* doit également son succès à Marius Petipa, qui retravailla en 1884 la version originale de 1870.

◀ ***Cendrillon*** Ce conte de fées français offre aux danseurs de ballet les rôles principaux rêvés : Cendrillon, sa marraine la fée et le prince. Il fait aussi bon usage du corps de ballet pour incarner fées, heures et étoiles. Les méchantes demi-sœurs de Cendrillon sont souvent interprétées par des hommes. La version actuelle, sur une musique de Serge Prokofiev, date de 1945.

Svetlana Zakharova et Igor Zelensky, étoiles du Ballet Mariinsky, dans les rôles d'Odette, la reine des cygnes, et du prince Siegfried du *Lac des cygnes*.

► *Spartacus* L'esclave rebelle Spartacus et le méchant général Crassus sont les rôles principaux de ce ballet, dont l'intrigue se situe dans la Rome antique. Excepté la femme de Spartacus et la maîtresse de Crassus, il offre peu de rôles féminins. Le corps de ballet (esclaves et soldats) est exclusivement masculin. Si ce ballet datant de 1956 est célèbre en Russie, il est rarement dansé ailleurs ; la musique d'Aram Khatchaturian est toutefois très populaire, même en dehors du monde de la danse.

◄ *La Belle au bois dormant*
À son baptême, la princesse Aurore est victime d'un sort jeté par une méchante fée : un jour, elle se piquera le doigt avec une quenouille et mourra. Mais grâce à l'intervention d'une bonne fée, quand la prophétie se réalise, Aurore tombe dans un profond sommeil, jusqu'à ce qu'un beau prince, 100 ans plus tard, lui donne un baiser pour la réveiller. La musique de Tchaïkovski et la chorégraphie de Petipa font de ce ballet l'un des plus populaires depuis sa création, en 1890.

► *Manon* Inspiré d'un roman français du XVIIIe siècle, ce ballet raconte l'histoire d'une jeune fille déchirée entre son désir de richesse et son amour pour un étudiant. Le ballet finit tragiquement, avec la mort de l'héroïne dans les marécages de Louisiane. Créée par le chorégraphe Kenneth MacMillan, *Manon* est souvent dansée dans le monde entier.

◄ *La Fille mal gardée*
Ce conte paysan comique a donné lieu à un ballet en 1789. Lise, la jeune héroïne, déjoue les plans de sa mère, qui veut la marier à un fermier riche mais repoussant, et rencontre Colas, son véritable amour. La version moderne de Frederick Ashton, chorégraphiée en 1960, réserve aux amoureux un exquis pas de deux, et à la mère de Lise (traditionnellement interprétée par un homme), une hilarante danse en sabots. Des animaux de ferme et un formidable orage ajoutent encore au divertissement.

Casse-*Noisette*

Une poupée casse-noisette.

Ce joyau magique de Noël est l'un des ballets les plus **souvent représentés**, et même ceux qui n'en ont jamais entendu parler en reconnaissent la musique. Le succès de la suite de concert tirée du ballet, assemblage d'extraits choisis, ne s'est jamais démenti au fil du temps.

L'histoire…
Lors de la fête que les Stahlbaum donnent pour Noël, leur fille, Clara, reçoit un curieux cadeau : un casse-noisette en forme de soldat. Pendant la nuit, l'enfant descend au rez-de-chaussée pour s'amuser avec son nouveau jouet, mais une armée de souris féroces et terrifiantes surgit. Elle appelle à l'aide, le casse-noisette prend alors vie et attaque le roi des souris. Juste au moment où le casse-noisette commence à perdre la partie, Clara jette sa pantoufle sur le méchant et le tue. Aussitôt, le casse-noisette se transforme en un beau prince. Pour remercier Clara de l'avoir sauvé, il l'emmène faire un tour sur son traîneau magique. En chemin, ils traversent un beau pays enneigé, et arrivent au royaume des Délices, sur lequel règne la fée Dragée, qui ravit Clara en donnant un spectacle de danses aux mille couleurs. Puis la fée danse avec le prince Casse-Noisette et, à la fin, Clara rentre chez elle.

Au commencement…

Un conte de fées

Casse-Noisette a été créé au théâtre Mariinsky de Saint-Pétersbourg, en Russie, en 1892. C'est Marius Petipa qui a écrit le livret (l'intrigue), basé sur le conte de fées *Le Casse-Noisette et le Roi des souris* (1816). Il devait aussi réaliser la chorégraphie mais tomba malade, et son assistant, Lev Ivanov, dut le remplacer. Le ballet ne devait devenir populaire qu'un demi-siècle plus tard.

Dessin original de costume, 1892.

Quelle partition ?

Pour la musique (ou « partition ») de *Casse-Noisette*, le théâtre passa une commande à Piotr Ilitch Tchaïkovski, qui avait déjà écrit *Le Lac des cygnes* et *La Belle au bois dormant*. Au début, la musique eut plus de succès que le ballet lui-même.

Piotr Ilitch Tchaïkovski.

Tchaïkovski choisit lui-même les huit extraits composant la suite tirée de *Casse-Noisette*.

Un son de clochettes

Pour la danse de la fée Dragée, Tchaïkovski a utilisé un instrument tout nouveau à l'époque : le célesta. Bien que semblable à un petit piano droit, il produit un son de clochettes.

Célesta.

Différentes danses

Au royaume de la fée Dragée, Clara assiste avec ravissement à un fabuleux spectacle de danses venues d'Arabie, de Chine, de Russie et d'Espagne. Même des bergères et des fleurs de jardin dansent pour elle, sur une musique qui reste l'une des plus populaires de ce ballet.

La *Danse chinoise* dans le spectacle donné pour Clara.

Autre moment fort : l'exotique *Danse arabe*.

Un ballet changeant

L'intrigue de *Casse-Noisette* peut légèrement varier selon la compagnie qui la présente. Clara (qui peut aussi s'appeler Masha) est tantôt dansée par une petite fille, tantôt par une adulte qui se transforme ensuite en fée Dragée. Les intrus de minuit sont soit des souris, soit de gros rats. Dans certaines versions, Clara s'éveille dans son lit, et se rend compte que son voyage enchanté au royaume des Délices n'était qu'un rêve.

La *Danse des flocons*, exécutée par la troupe du Royal Ballet, à Londres.

The Hard Nut, de Mark Morris.

Emprunts modernes

Ce ballet très apprécié a été modernisé à plusieurs reprises avec originalité. La version du chorégraphe David Bintley *(Nutcracker Sweeties)* est accompagnée d'une adaptation jazzy de la musique de Tchaïkovski, revue par Duke Ellington. Celle de Matthew Bourne (voir p. 94-95) déplace l'action dans un orphelinat sordide, tandis que la troupe de Mark Morris, la situant dans les années 1960 et 1970, a baptisé sa version comique *The Hard Nut* (« *La Noix dure* »).

Le *Casse-Noisette* de Matthew Bourne.

Le *Casse-Noisette (Nutcracker Sweeties)* de David Bintley.

Leçon de *ballet*

L'apprentissage du ballet classique sert de base à de nombreux styles de danses et la plupart des danseurs professionnels commencent par là dès leur plus jeune âge. Que l'on soit danseuse étoile ou star à Broadway, **la discipline quotidienne qu'exigent les positions classiques** permet de faire travailler tous les groupes musculaires et donne souplesse, force, grâce et précision.

« J'aime essayer de perfectionner les positions. »
Monique

L'assemblé

Tout cours de ballet commence à la barre, une rampe servant d'appui au danseur pendant l'échauffement. Un des premiers exercices est toujours un plié. Un grand plié est un plié complet, au contraire d'un demi-plié. Comme pour tous les mouvements de ballet, le plié est effectué en tournant les genoux et les pieds vers l'extérieur ; il donne un appui aux jambes du danseur avant le saut. Ici, la danseuse perfectionne un petit saut, appelé assemblé.

Tous les sauts commencent par un demi-plié. Ici, c'est le pied arrière (gauche) qui glisse vers l'extérieur et qui atterrit de nouveau derrière, après le saut.

La danseuse fait glisser son pied gauche, pointé et arqué, sur le côté, jambe tendue. Pour assurer l'équilibre, ses bras sont disposés en un harmonieux balancier.

▼ Enchaînement
Dans un cours de ballet, après l'échauffement, le professeur demande aux élèves une série de pas, qu'on appelle un enchaînement.

Pendant le saut, les jambes doivent rester bien tendues.

Les pieds sont joints et tendus.

Saut

3

Lors du saut, la danseuse joint les pieds et garde les jambes bien tendues.

Des habits adéquats

Les tenues de danse doivent être confortables, mais suffisamment ajustées pour permettre au professeur de vérifier les positions des élèves. Les filles portent des justaucorps et des collants extensibles et les garçons des T-shirts, shorts ou collants. Tous ont des chaussures à semelle souple ou des chaussons en tissu. Les cheveux, tirés, doivent dégager le visage et le cou. Les ongles sont coupés court et les bijoux ôtés.

Retombée en 3e position

4

La danseuse atterrit en douceur sur un autre demi-plié. L'assemblé parfait est réalisé en un seul mouvement, rapide et léger.

Jeux de rôle

Dans les ballets traditionnels tel *Le Lac des cygnes*, les personnages « conversent » souvent ensemble et racontent des parties de l'histoire par gestes chargés d'un sens précis. Un public du XIXe siècle n'aurait aucun mal à comprendre les gestes de base tels qu'ils sont enseignés aujourd'hui aux apprentis danseurs puisqu'ils n'ont guère changé. Ainsi, désigner l'annulaire du doigt signifie « mariage », croiser les mains sur son cœur veut dire « amour ».

« Amour. »

« Mort. »

Les écoles de danse

Aujourd'hui, il existe des écoles et des cours de ballet dans le monde entier. La plupart des grandes compagnies gèrent des établissements formant leurs danseurs. Les enfants qui y sont admis suivent une scolarité normale en plus de cours de danse de niveau professionnel. Voici quelques-unes des écoles les plus célèbres associées à des compagnies de ballet : l'académie Vaganova de Saint-Pétersbourg, le Royal Ballet de Londres, l'École de ballet américain de New York et l'Opéra de Paris. La plus grande école de ballet au monde est l'École nationale de ballet de La Havane, à Cuba.

École nationale de ballet de La Havane.

Les ballets **courts**

Un spectacle de ballet comporte souvent plusieurs actes. Mais parfois, les **compagnies programment** deux ou trois courts ballets. Les Ballets russes de Serge de Diaghilev (p. 56-57) donnaient presque toujours des œuvres brèves.

▶ ***Le Jardin aux lilas*** Chorégraphiée par Anthony Tudor sur une musique d'Ernest Chausson, compositeur français de la fin du XIXe, cette œuvre exquise relate d'impossibles amours au début du XXe siècle lors d'une fête donnée dans la campagne anglaise. Ce sont Maude Lloyd et Hugh Laing (à droite) qui ont créé les rôles principaux en 1936.

▲ ***Le Sacre du printemps*** Pour les Ballets russes, Diaghilev a commandé à Stravinsky un ouvrage sur des rituels anciens de la Russie païenne. Ci-dessus, la version de Kenneth MacMillan.

▼ ***La Bayadère*** Certains courts ballets sont extraits d'ouvrages antérieurs, rarement montés en entier. L'un des plus étranges est l'acte III de *La Bayadère*, ballet russe du XIXe siècle, dans lequel apparaît un corps de ballet fantomatique.

◀ *Le Rêve*
Un des chefs-d'œuvre de Frederick Ashton. Ce ballet est basé sur *Le Songe d'une nuit d'été* de William Shakespeare. Sur une musique de Félix Mendelssohn, il met en scène deux personnages centraux : le roi et la reine des fées, Obéron et Titania (interprétés ci-contre par Matthew Lawrence et Nao Sakuma).

◀ *Pas de deux*
Dans une programmation hétéroclite, il n'est pas rare de voir un spectaculaire pas de deux, tiré d'un grand classique comme *Le Lac des cygnes* ou d'un ballet moins connu comme *Don Quichotte*. Ci-contre, Paloma Herrera et David Hallberg dansent le *Pas de deux* de Tchaïkovski, écrit pour *Le Lac des cygnes*, mais toujours omis dans le ballet intégral.

▶ *La Légende de Fall River*
Ce ballet s'inspire d'un scandale qui, au XIXe siècle, secoua une petite ville du Massachusetts, une vieille fille, Lizzie Borden, ayant été accusée d'avoir assassiné ses parents. On doit cette œuvre à Agnes De Mille, qui a dressé un portrait de la vie en Amérique dans une série de ballets et de comédies musicales (dont *Oklahoma !*). La musique est de Morton Gould. Ci-contre, Marie-Claude Pietragalla dans le rôle de Lizzie.

▲ *Le Chant de la Terre* Ce ballet a été chorégraphié par Kenneth MacMillan, sur des lieder de Mahler évoquant la vie et la mort et s'inspirant d'anciens poèmes chinois, auxquels le ballet donne vie. Les rôles clés sont tenus par un homme et une femme (Darcey Bussell et Gary Avis, ci-dessus), plus un troisième personnage, appelé « l'Éternel » (Carlos Acosta).

▼ *Joyaux* L'un des ballets « sans intrigue » de George Balanchine (p. 68-69), *Joyaux*, se divise en trois parties : *Émeraudes*, *Rubis* et *Diamants*, chacune représentant un compositeur différent. Ci-contre, *Émeraudes* est dansé par Roberta Marquez et Valeri Hristov, sur une musique de Gabriel Fauré.

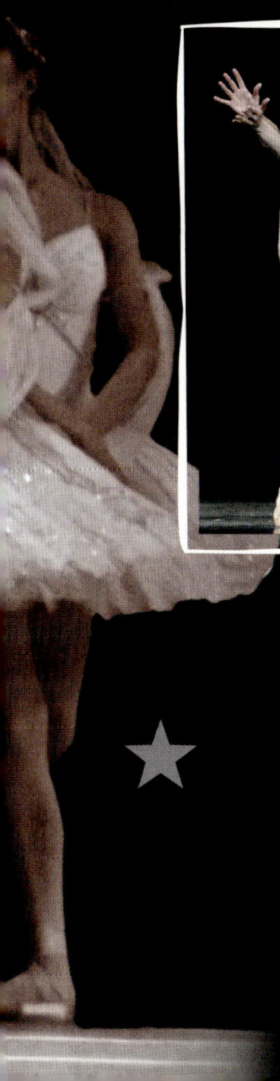

Les chorégraphes

Leanne Cope et Kenta Kura exécutent la danse du Chat botté et de la Chatte blanche dans *La Belle au bois dormant.*

Les chorégraphes sont les maîtres du ballet. Ils décident du thème de l'œuvre, en choisissent la musique, inventent ou adaptent une histoire, **et imaginent l'enchaînement des pas**, en inventant parfois de nouveaux. Puis ils choisissent et dirigent les danseurs qui créent les rôles (les dansent pour la première fois). Le travail d'un grand chorégraphe peut traverser le temps à l'instar d'un morceau de musique ou d'un livre, et être inlassablement apprécié, génération après génération.

▲ Marius Petipa Dans l'histoire du ballet, aucun chorégraphe n'a eu autant d'influence que Marius Petipa. Né en France, il devint maître de ballet au Théâtre-Impérial de Russie à Saint-Pétersbourg, à la fin du XIXe siècle. Il créa plusieurs grands ballets encore réputés aujourd'hui, notamment *Le Lac des cygnes* et *La Belle au bois dormant*, collabora à la création de *Casse-Noisette* (voir p. 60-61) et réécrivit les versions actuelles de *Coppélia* et de *Giselle*.

Robert Helpmann et Margot Fonteyn dans *Les Sylphides*, 1937.

◀ Michel Fokine Né en Russie, Fokine a étudié le ballet à l'École de danse du Théâtre-Impérial et terminé sa formation dans cette compagnie en 1898. Quand Serge de Diaghilev (p. 56-57) a fondé les Ballets russes, Fokine en est devenu le chorégraphe principal. Pour lui, il était plus important de capter l'atmosphère juste d'un ballet que de suivre les règles de la danse classique. Ses *Sylphides* sont coquettes et romantiques et *Petrouchka* et *L'Oiseau de feu* s'inspirent de traditions folkloriques russes. Un siècle plus tard, tous ces ballets sont encore régulièrement dansés dans le monde entier.

▼ Sir Frederick Ashton Créateur du ballet raffiné de style anglais, Frederick Ashton est entré au Vic-Wells Ballet de Ninette de Valois à Londres au début des années 1930, où il a régulièrement dansé avec Margot Fonteyn. En 1962, il devint directeur de la compagnie, devenue le Royal Ballet. Parmi ses créations, on compte *Le Rêve*, *La Fille mal gardée* et *Un mois à la campagne*.

Un mois à la campagne.

Antony Tudor dirigeant sa troupe, 1942.

◀ Antony Tudor Né en Angleterre en 1908, Antony Tudor a vécu aux États-Unis. Puisant l'inspiration auprès des gens ordinaires plutôt que dans les contes de fées, il fut le premier chorégraphe à explorer les sentiments humains dans ses spectacles. Tudor pouvait exprimer la tristesse ou la joie par un simple geste. *Le Jardin aux lilas* (p. 64) et *Dark Elegies (Sombres élégies)* figurent parmi ses ballets les plus connus.

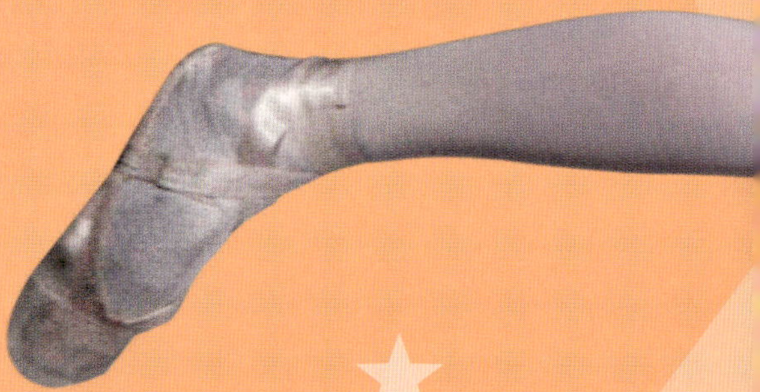

Le Chant de la Terre.

▶ Iouri Grigorovitch

Ce chorégraphe russe du xxe siècle a dirigé le Ballet du Bolchoï pendant presque 30 ans et créé de nombreux ballets d'importance majeure, tels que *La Légende de l'amour*, *La Fleur de pierre* et *Ivan le Terrible*, dont le plus connu est *Spartacus* (p. 59). Grigorovitch a organisé plus de 30 tournées pour faire mieux connaître le Bolchoï dans le monde entier.

Igor Yebra dans le rôle-titre d'*Ivan le Terrible.*

▲ Sir Kenneth MacMillan Comme sir Frederick Ashton avant lui (p. 66), cet Écossais d'origine fut d'abord le chorégraphe résident du Royal Ballet, puis son directeur. Respectueux de la tradition classique, il créa notamment *Mayerling* et *Le Chant de la Terre.* Sa version de *Roméo et Juliette* (p. 76-77) est représentée dans le monde entier.

▼ Christopher Wheeldon Après sa formation à l'École du Royal Ballet de Londres, Christopher Wheeldon a dansé dans cette compagnie pendant deux ans avant d'intégrer la troupe du New York City Ballet (NYCB) dont il fut nommé chorégraphe en 2001. Il a également produit des œuvres pour d'autres compagnies, notamment le Bolchoï. En 2012, Wheeldon créa *Les Aventures d'Alice au pays des merveilles* dans une coproduction pour le Ballet national du Canada et le Royal Ballet. Ce travail met en œuvre d'étonnants effets spéciaux quand Alice change de taille et rencontre les personnages du pays des merveilles.

Sarah Lamb dans le rôle-titre des *Aventures d'Alice au pays des merveilles.*

C'est noté !

Traditionnellement, la chorégraphie se transmettait à la génération suivante par l'intermédiaire de danseurs expérimentés, mais, au début du xxe siècle, on s'est mis à utiliser la notation de danse. Des symboles représentant les positions sont inscrits sur une portée de cinq lignes, comme pour la musique. Deux systèmes courants sont la cinétographie *(Labanotation* aux États-Unis*)* et la notation Benesh.

Le saut de cette danseuse dans *La Fille mal gardée* est ici consigné par la notation Benesh. Les pieds sont représentés par les deux signes du milieu de la portée.

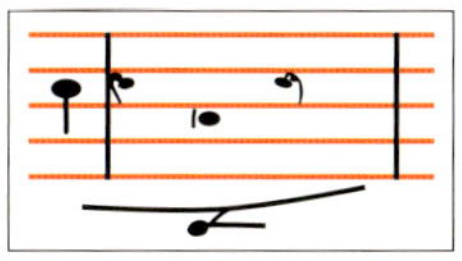

George **Balanchine**

« Voir la musique, écouter la danse. »

Le chorégraphe et maître de ballet George Balanchine est connu pour ses œuvres sans intrigue : pas d'histoire, pas de grandes stars ni de déguisements coûteux, juste de la danse. La musique l'inspirait, et **ses danseurs adaptaient parfaitement leurs mouvements au son**. Il a créé plus de 400 ballets et fondé le New York City Ballet, réputé dans le monde entier.

Excellent professeur, Balanchine était exigeant.

Le Fils prodigue, 1929.

L'époque de Diaghilev

À 21 ans, Balanchine devint chorégraphe des Ballets russes de Serge de Diaghilev (voir p. 56-57) pour lesquels il a créé dix ballets, notamment *Apollon musagète* sur une musique d'Igor Stravinsky et *Le Fils prodigue*, sur une partition de Serge Prokofiev. Ces premiers ballets avaient une vague intrigue, mais son style personnel, plus dépouillé, suivit peu après.

Biographie

1904 : né Georgi Balanchivadze à Saint-Pétersbourg, en Russie.

1913 : intègre la section ballet de l'École du Théâtre-Impérial de Saint-Pétersbourg.

1921 : rejoint le corps de ballet du théâtre Mariinsky (renommé Théâtre national de l'opéra et du ballet après la révolution russe de 1917).

1923 : forme une troupe, Le Jeune Ballet, pour créer un nouveau type de danse, qui déplaît aux autorités de l'Union soviétique et se voit vite abandonné.

1924 : au cours d'une tournée européenne avec un groupe de danseurs, il réussit une audition pour les Ballets russes de Diaghilev, pour lesquels il travaille en tant que danseur et chorégraphe jusqu'en 1933.

1934 : arrive à New York où il fonde une école de ballet. Il crée une petite compagnie, l'American Ballet, qui danse au Metropolitan Opera. Elle est dissoute en 1938.

1946 : après une longue période de travail en free-lance aux États-Unis et en Europe, il retourne à New York avec Lincoln Kirstein et fonde la Ballet Society (devenue par la suite le New York City Ballet).

1983 : meurt à New York.

Le New York City Ballet aujourd'hui.

L'influence de Stravinsky

Pendant plus de 50 ans, Balanchine a travaillé avec le compositeur russe Igor Stravinsky (1882-1971) en l'honneur duquel il a organisé trois festivals de danse.

Le New York City Ballet danse *Sérénade* de Balanchine.

Un nouveau pays

En 1933, quelques années après la mort de Diaghilev, Lincoln Kirstein, un riche Américain, invita Balanchine aux États-Unis. Ensemble, ils fondèrent l'École du ballet américain (School of American Ballet) à New York et sa compagnie, l'American Ballet. Balanchine mit en scène plusieurs œuvres au Metropolitan Opera, mais l'aventure tourna court, car son style fut jugé trop osé et il préféra travailler sans restrictions.

Meurtre sur la Xe Avenue, ballet créé par Balanchine pour la comédie musicale *On Your Toes.*

New York City

Une fois seul, Balanchine travailla dans plusieurs directions. Il créa des chorégraphies pour des comédies musicales à Broadway et pour des films hollywoodiens. En 1946, il fonda avec Kirstein la Ballet Society, qui devint par la suite le New York City Ballet (NYCB) où il resta et forma des générations d'excellents danseurs. Il aimait les ballerines grandes et sportives, aux longues jambes.

Musique et mouvement

Beaucoup de chorégraphes s'inspirent d'histoires ou de personnes, mais Balanchine, lui, commençait par la musique. Son bagage musical lui permettait de communiquer de façon unique avec des compositeurs tels que Stravinsky (à droite sur la photo) et Prokofiev. Il savait réduire pour piano une partition d'orchestre, ce qui se révélait très utile en répétition.

Au commencement...

Les chaussons de danse

Danseuse très populaire au XVIIIe siècle, Marie Camargo changea pour toujours la face du ballet quand elle décida d'échanger ses chaussures à talons bas pour des chaussons. Attachés par des rubans comme les futures pointes, ses chaussons plats lui permettaient de sauter et d'atterrir avec légèreté.

La Camargo danse en talons, avant de les troquer pour des chaussons.

Changements de costume

Les robes de ballet ont évolué au cours des siècles. Au XVIIe siècle, les corsets rigides entravaient les mouvements. Marie Camargo fit raccourcir ses robes pour montrer ses pieds, et adopta des collants de ballet. L'Italienne Marie Taglioni se fit faire une robe au corsage ajusté et à la jupe en forme de cloche pour danser *La Sylphide*. Ce costume de ballet typique, encore porté aujourd'hui, notamment dans *Giselle*, est appelé taglioni ou tutu romantique.

Costume masculin de ballet du XVIIe siècle.

Costumes de ballet

Les chaussures satinées et les beaux tutus froncés restent le costume classique des danseuses de ballet. Les habits **de répétition et de scène** ont évolué, non seulement avec la mode, mais aussi grâce à des tissus révolutionnaires et à de nouvelles techniques de couture. Un costume de ballet doit non seulement être beau, mais aussi permettre au danseur de bouger librement et sans danger sur la scène.

▲ Un nouveau tissu
Inventé en 1958, le Lycra (ou Spandex) a eu un gros impact sur les habits de ballet. Souple, léger et solide, il laisse les danseurs libres de leurs mouvements. On l'utilise pour les justaucorps (à l'entraînement comme sur scène), les bas et même les premières couches des tutus.

Tutu brodé.

Des costumes aux couleurs vives pour *Elite Syncopations*.

◄ Les habits de scène sont souvent confectionnés en Lycra, car ce matériau ne restreint pas les mouvements. Avant son invention, les tissus comme la soie et la mousseline étaient choisis pour leur souplesse et leur légèreté. Aujourd'hui comme autrefois, les costumiers s'assurent que les habits flattent le corps et qu'ils puissent être lavés et portés de nombreuses fois sans dommage.

▶ Dans les spectacles, les danseurs portent des costumes adaptés à la période historique et au décor. Par exemple, le personnage de Swanilda dans *Coppélia* porte une robe brodée toute simple, révélant son statut de paysanne. Juste avant le lever du rideau, les habilleurs passent dans les loges pour aider les danseurs à enfiler leur costume et à l'attacher. Ils les aident également à se changer entre deux scènes.

Costumes pour *Coppélia*.

L'écureuil Nutkin des *Contes de Beatrix Potter*.

▲ Certains costumes spéciaux peuvent être étonnamment complexes et recouvrir presque entièrement le danseur, tête comprise. Ces costumes d'animaux réalistes représentent un véritable tour de force, car, malgré leur taille, ils permettent au danseur de sauter et de tourner. Légers et fabriqués avec soin, ils libèrent bras et jambes. Les coiffures et masques compliqués doivent avoir des trous pour les yeux, assez grands pour permettre au danseur de bien voir la scène.

La création de costumes

Avant la confection des costumes, le chorégraphe décrit le ballet, sa période historique et l'humeur de la danse au costumier styliste, qui livre ensuite, croquis à l'appui, ses idées et ses suggestions pour les couleurs et les tissus.

◀ Les tutus modernes, aussi surnommés tutus classiques, français ou tutus « galettes », sont courts et font presque un angle droit avec les hanches. Véritables performances en couture, ils sont formés de multiples couches de tulle de tailles croissantes en partant de l'intérieur, donnant à la jupe sa forme plate et ronde. Souvent, un cerceau rigide donne plus de tenue. Les tutus modernes sont faits d'un filet de Nylon spécial, extrêmement solide et constellé de petits trous, presque impossible à déchirer. La jupe est fixée sur la bande de hanches (morceau plat entre la taille et les hanches) recouverte d'un corsage, en principe baleiné pour lui donner une forme et fournir un soutien au buste.

▶ Les chaussons de ballet, le plus souvent de cuir souple, de toile ou de satin, sont attachés par des élastiques. Tout le monde les porte à l'entraînement, et les danseurs masculins les gardent sur scène. En général, les danseuses portent sur scène des chaussures de satin spéciales, renforcées ou rembourrées, appelées pointes. Avant d'enfiler ses pointes neuves, la danseuse doit y coudre des élastiques et des rubans pour les tenir. Elle ramollit souvent le rembourrage en le martelant contre une surface dure, et protège son gros orteil avec du tissu ou un petit coussin.

Chaussons.

Pointes.

Les danseuses *étoiles*

Le terme de *danseuse étoile* désigne bien plus qu'une simple danseuse. C'est un honneur, un titre rare, conféré uniquement aux plus douées, aux **stars du monde du ballet**, d'Anna Pavlova à Sylvie Guillem. Aujourd'hui, l'adjectif *premier* est utilisé pour les danseurs les plus expérimentés au sein d'une compagnie, mais les artistes d'exception sont toujours appelées *étoiles*.

◀ **Galina Ulanova**, danseuse étoile dans les Ballets du Bolchoï et du Kirov, a ravi le public dans des rôles tels que *Giselle* (à gauche). Elle a aussi connu la gloire dans des ballets des années 1960 comme *Roméo et Juliette* (p. 76-77).

▶ **Anna Pavlova** a commencé par danser pour le Ballet du théâtre Mariinsky et les Ballets russes de Diaghilev avant de fonder sa propre compagnie et de faire des tournées dans des pays où le ballet était encore inconnu. Son rôle emblématique fut *La Mort du cygne*, de Fokine (à droite).

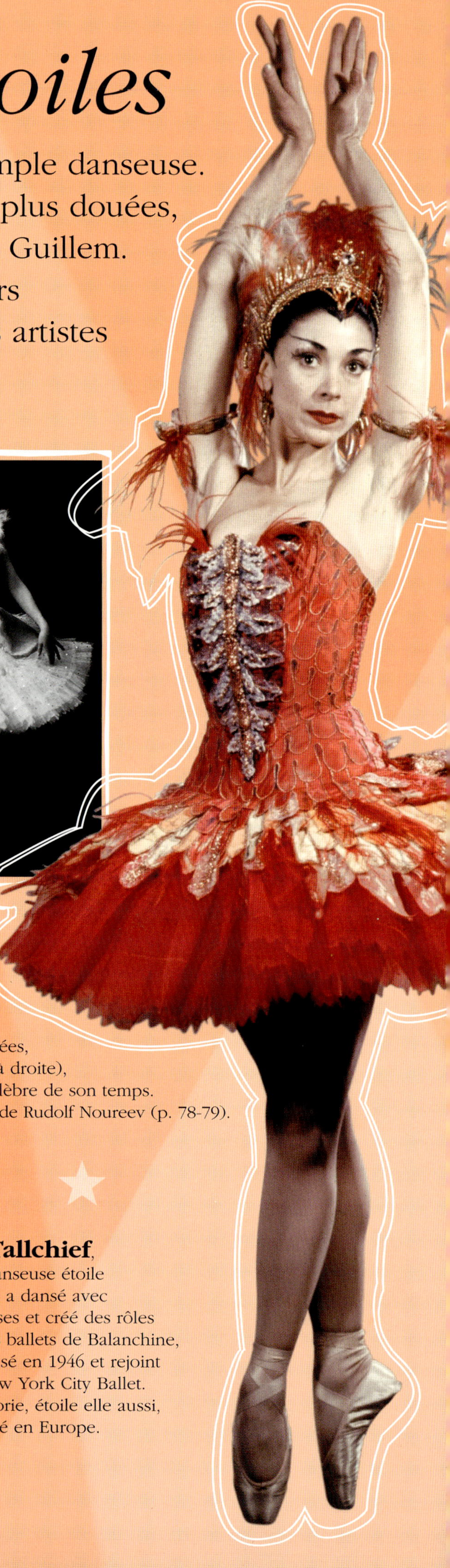

▶ **Margot Fonteyn**, danseuse étoile anglaise, a dansé de nombreux rôles principaux avant ses 20 ans. En 1934, elle entre au Ballet Vic-Wells (devenu le Royal Ballet). La compagnie fait de nombreuses tournées, présentant des ballets comme *L'Oiseau de feu* (à droite), et Fonteyn devient la danseuse étoile la plus célèbre de son temps. Vers la quarantaine, elle est la partenaire attitrée de Rudolf Noureev (p. 78-79).

◀ **Alicia Alonso**, née à Cuba, a appris le flamenco dès son enfance. Aux États-Unis, elle a dansé avec l'American Ballet Theatre avant de rentrer dans son pays, en 1950, et d'y fonder le Ballet national de Cuba, qui continue aujourd'hui à prospérer.

◀ **Maria Tallchief**, la première danseuse étoile amérindienne, a dansé avec les Ballets russes et créé des rôles dans plusieurs ballets de Balanchine, qu'elle a épousé en 1946 et rejoint au sein du New York City Ballet. Sa sœur, Marjorie, étoile elle aussi, a surtout dansé en Europe.

◀ Maïa Plissetskaïa, superbe danseuse et actrice possédant une technique très poussée, fut une étoile du Bolchoï. Dès 1962, elle prit part à la création de nombreux ballets modernes, notamment d'*Anna Karénine*. Un de ses plus beaux rôles fut celui de Carmen (à gauche) sur des extraits de l'opéra du même nom et d'autres pièces de Bizet arrangées par son mari, Rodion Schedrin.

▶ Lynn Seymour, étoile très théâtrale, naquit au Canada et étudia à l'école du Royal Ballet où elle devint première danseuse en 1959. Elle travailla avec Kenneth MacMillan (p. 66) et incarna une superbe Juliette dans *Roméo et Juliette*. Pour Frederick Ashton, elle créa le rôle de Natalia Petrovna dans *Un mois à la campagne* (à droite). En 1996, elle accepta de tenir le rôle de la mère du prince dans le révolutionnaire *Lac des cygnes* de Matthew Bourne.

◀ Marcia Haydée, née au Brésil, était dans la même classe que Lynn Seymour et Antoinette Sibley dans l'École de ballet de Sadler's Wells, à Londres. Dans les années 1960 et 1970, elle fit partie du Ballet de Stuttgart où elle créa plusieurs rôles, comme dans *La Mégère apprivoisée* du directeur John Cranko et *Le Chant de la Terre* (à gauche) pour Kenneth MacMillan.

▶ Dame Antoinette Sibley, surnommée la « parfaite danseuse étoile britannique », entra au Royal Ballet en 1956. Elle eut très tôt pour partenaire Anthony Dowell (p. 81) avec qui elle dansa des rôles classiques tels que *La Belle au bois dormant* (à droite). Elle créa aussi des rôles modernes, comme celui de Titania dans *Le Rêve*, de Frederick Ashton (p. 65).

Les meilleures des meilleures

Une compagnie de ballet peut compter plusieurs premières danseuses, ou ballerines, et une *prima ballerina* (« première danseuse » en italien) ou *deux prime ballerine*. Parfois, le titre suprême de *prima ballerina assoluta* est conféré. Il est réservé aux très rares danseuses qui ont atteint l'excellence et sont devenues internationalement célèbres. Il est en fait honorifique.

D'autres *étoiles...*

Le siècle dernier a produit quelques danseuses extraordinaires, et **chaque décennie voit éclore de nouvelles stars du ballet**. Au début, presque toutes font partie de la troupe, le *corps de ballet*, puis les plus douées deviennent solistes, et les éléments exceptionnels danseuses étoiles.

▶ **Cynthia Gregory** fut nommée *prima ballerina assoluta* par Rudolf Noureev. Danseuse parmi les plus connues en Amérique pendant presque 30 ans, elle a brillé dans *Giselle* et *Coppélia*. Ci-contre, elle répète avec Fernando Bujones.

◀ **Suzanne Farrell**, une ballerine américaine grande et puissante, fut membre du New York City Ballet, où elle a travaillé aux côtés de George Balanchine et créé des rôles dans nombre de ses œuvres, notamment *Joyaux* et *Valses de Vienne* (à gauche). Elle s'est également produite sur des scènes étrangères en tant qu'invitée.

▶ **Sylvie Guillem** fut souvent la partenaire de Rudolf Noureev quand il était directeur du Ballet de l'Opéra de Paris, vers la fin de sa carrière. En 1989, elle a quitté Paris pour danser avec le Royal Ballet pendant plusieurs années. Elle travaille à présent avec des compagnies classiques et des troupes de danse contemporaine.

Sylvie Guillem en sirène, dans *Le Fils prodigue* de Balanchine.

▲ **Darcey Bussell**, à 20 ans, devint la plus jeune première danseuse du Royal Ballet. Elle a brillé dans des classiques, tels que *La Belle au bois dormant*, et dans des œuvres modernes, comme *Rêves d'hiver* de MacMillan (ci-dessus), et fut un exemple pour bien des jeunes danseuses.

▶ **Tamara Rojo** a grandi en Espagne. Elle est entrée au Royal Ballet en 2000. D'une technique irréprochable, c'est aussi une actrice accomplie. Ci-contre, elle incarne la Reine de cœur dans *Alice au pays des merveilles*.

▶ **Svetlana Zakharova** est l'une des rares à avoir été à la fois première danseuse au théâtre Mariinsky et au Bolchoï. Elle est également apparue en tant qu'invitée à Milan, Paris, New York et Tokyo. Elle danse ici le rôle-titre de *Giselle*.

Guillem, également gymnaste, possède beaucoup de force et de souplesse, même pour une danseuse.

Roméo *et* Juliette

Indémodable, la tragique histoire d'amours adolescentes de William Shakespeare fut reprise à **l'opéra, au cinéma, dans la musique pop** et inspira la comédie musicale *West Side Story*. Elle est même présente sur Twitter sous le nom de *Such Tweet Sorrow*. L'une des versions les plus mémorables de *Roméo et Juliette* est le ballet du XXe siècle sur la musique de Serge Prokofiev.

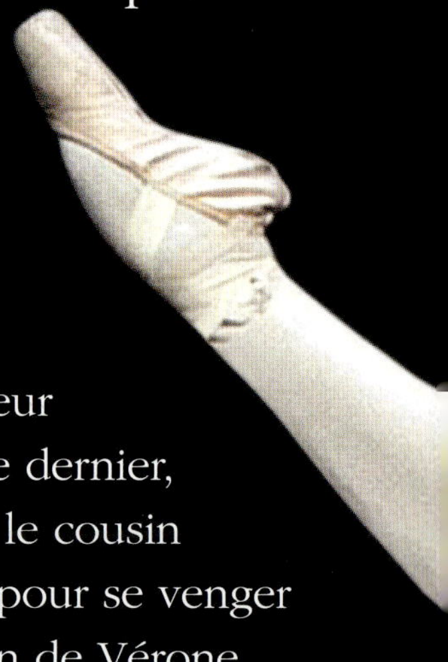

L'histoire....
Durant la Renaissance, à Vérone, cité du nord de l'Italie, deux familles, les Montaigu et les Capulet, se déchirent et les affrontements de leurs partisans résonnent dans les rues de la ville. Lord et Lady Capulet ont arrangé le mariage de leur fille, Juliette, avec un riche noble, le comte Pâris, mais, au cours d'un bal qu'ils donnent pour présenter cette dernière en société, le jeune Roméo Montaigu et ses amis entrent en secret, dissimulés sous des masques. Roméo et Juliette se rencontrent et tombent amoureux, conscients que leurs parents feront tout pour les séparer.

Avec l'aide de la nourrice de Juliette et d'un moine, Frère Laurent, les amoureux se marient en secret. Mais la tragédie commence quand Tybalt, le cousin de Juliette, tue Mercutio, le meilleur ami de Roméo. Ce dernier, meurtri, assassine le cousin de sa bien-aimée pour se venger et se voit exilé loin de Vérone. Frère Laurent imagine alors un stratagème pour aider les tourtereaux à s'enfuir ensemble. Il donne à Juliette un puissant somnifère, qu'elle prend pour feindre la mort. Ses parents, éplorés, l'enterrent dans la tombe familiale. Roméo doit être informé de la ruse pour s'enfuir avec Juliette dès son réveil. Mais la missive ne lui parvient jamais et il croit son amour mort. Désespéré, il entre dans la crypte pour dire un dernier adieu à sa belle et avale un puissant poison. Quand Juliette se réveille, elle trouve son amant mort à ses côtés. Brisée de douleur, elle se suicide avec la dague de Roméo.

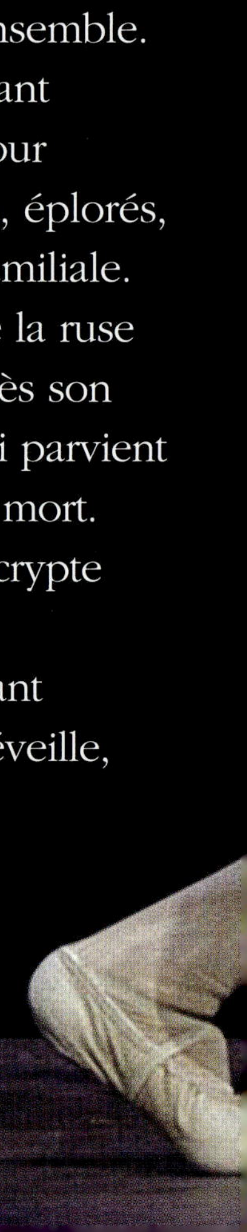

Au commencement...

Premiers essais

Dès le XVIIIe siècle, on a souvent essayé de chorégraphier *Roméo et Juliette*. En vain. Même une version de Serge de Diaghilev (p. 56-57) pour les fameux Ballets russes n'a pas abouti. Il fallut attendre 1940 et l'interprétation du théâtre Kirov pour que le couple mythique trouve enfin sa place dans le répertoire.

Galina Ulanova et Konstantin Sergeyev dans la première représentation du *Roméo et Juliette* de Prokofiev.

Quelle partition ?

La musique de *Roméo et Juliette* était une commande du théâtre Kirov (désormais le Mariinsky) de Leningrad (aujourd'hui Saint-Pétersbourg) à Serge Prokofiev, qui acheva la partition en 1935. Mais le Kirov refusa l'œuvre, jugée « trop moderne ». Prokofiev la proposa alors au théâtre du Bolchoï de Moscou, qui la rejeta, l'estimant « impossible à danser ». Finalement, le Kirov mit en scène le ballet.

Au choix

La première version du ballet de Prokofiev, chorégraphiée par Léonide Lavrovsky, est toujours d'actualité au théâtre Mariinsky. En dehors de la Russie, de nombreux danseurs et chorégraphes (dont Frederick Ashton et Rudolf Noureev) ont créé leur propre version, mais la plus fréquemment adoptée est celle du chorégraphe Kenneth MacMillan, créée en 1965 pour le Royal Ballet.

Lynn Seymour et Christopher Gable, danseurs du Royal Ballet, répètent *Roméo et Juliette* à Londres, vers 1960.

Danse avec la mort

La déchirante scène finale de *Roméo et Juliette* a lieu dans le tombeau de la famille Capulet. Dans le ballet de Kenneth MacMillan, elle prend la forme d'un extraordinaire pas de deux, dansé par un Roméo désespéré tenant le corps inerte de Juliette. Pour la ballerine, faire semblant d'être morte tout en restant gracieuse est un vrai défi.

Evgenia Obraztsova et Igor Kolb, danseurs du Mariinsky, dans la scène finale de *Roméo et Juliette*.

Carlos Acosta et Tamara Rojo incarnent Roméo et Juliette pour le Royal Ballet.

Une foule de personnages

Dans la plupart des mises en scène de *Roméo et Juliette*, seules Juliette et ses amies dansent sur pointes. L'œuvre comporte beaucoup de rôles qu'il faut plus jouer que danser. C'est le cas de la nourrice de Juliette, un personnage essentiel, ainsi que de sa mère, Lady Capulet. Le rôle de Frère Laurent, qui marie les amoureux et les entraîne malgré lui vers la mort, est aussi davantage joué que dansé.

Frère Laurent (Alastair Marriott) marie Roméo (Edward Watson) et Juliette (Lauren Cuthbertson) dans une représentation du Royal Ballet.

Duels dansés

Bien que *Roméo et Juliette* soit une histoire romantique, l'intrigue comporte plusieurs duels. Les Capulet, les Montaigu et leurs clans respectifs manquent rarement une occasion d'en découdre à l'épée. Dans un ballet, ces scènes doivent être chorégraphiées avec autant de soin que les autres danses. L'action doit avoir l'air réaliste, mais rester de la danse. Dans une bataille, le timing est crucial si l'on veut éviter les blessures. Mettre en place une scène de combat peut demander des heures de répétition.

Les épées s'entrechoquent entre les Montaigu et les Capulet du Ballet Mariinsky.

Rudolf Noureev

« La technique est ce qui nous reste quand l'inspiration nous fait défaut. »

Rudolf Noureev, un des danseurs majeurs les plus célèbres de tous les temps, fut aussi la première et seule **pop star du ballet**. Grâce à lui, le ballet classique fut, l'espace d'une courte période, « branché » comme jamais il ne l'avait été, et comme il ne le fut jamais plus depuis.

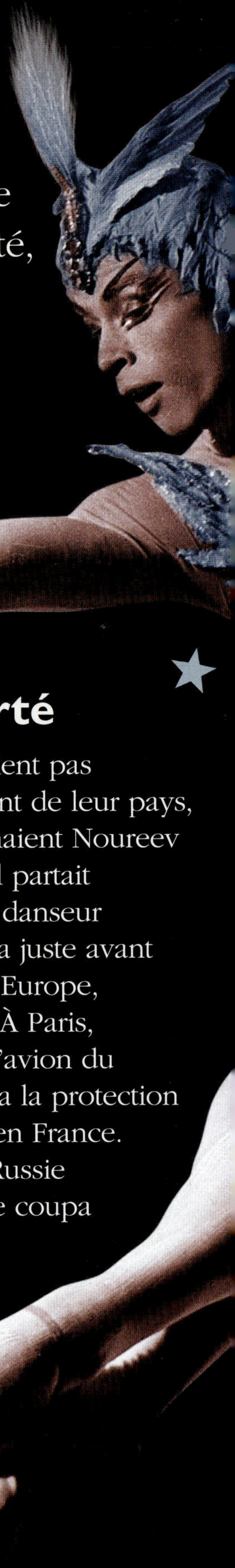

Noureev élève et sa partenaire Alla Sizova dans *Le Corsaire*, en 1958.

Né sur les rails

La mère de Noureev voyageait sur le Transsibérien pour rejoindre son mari soldat quand son fils arriva plus tôt que prévu. Enfant, Noureev aimait la danse folklorique, mais une soirée au ballet fit naître sa vocation. Il fut accepté à l'École d'État de ballet de Leningrad (Saint-Pétersbourg), et plus tard, entra dans la compagnie. Bien qu'entamant sa formation à l'âge relativement tardif de dix-sept ans, il était brillant, mais aussi difficile et rebelle.

Sauter en liberté

Les citoyens russes n'étaient pas autorisés à sortir librement de leur pays, et les autorités soupçonnaient Noureev de vouloir s'échapper s'il partait à l'étranger. En 1961, un danseur de premier plan se blessa juste avant une tournée majeure en Europe, et Noureev le remplaça. À Paris, au moment de prendre l'avion du retour, Noureev demanda la protection de la police pour rester en France. Durant son absence, la Russie l'accusa de trahison, et le coupa de sa famille.

Danse de l'Oiseau bleu dans *La Belle au bois dormant*, Paris, 1961.

Biographie

1938 : naît dans un train traversant la Sibérie.

1955 : est accepté à l'école de ballet du Kirov. Trois ans plus tard, il entre dans la compagnie.

Noureev, tout jeune danseur.

1961 : refuse de rentrer en Russie pendant une tournée avec le Kirov et demande asile à la France.

1962 : fait sa première apparition avec le Royal Ballet.

1977 : joue le rôle-titre dans le film *Valentino*.

1983 : est nommé directeur de l'Opéra de Paris.

1987 : obtient la permission de retourner en Russie au chevet de sa mère mourante.

1993 : meurt à Paris. Lors de ses funérailles, une cérémonie a lieu à l'Opéra Garnier.

Des centres d'intérêt variés…

Les danseurs de ballet doivent commencer si jeunes et s'entraîner si dur qu'ils ont rarement le temps de s'intéresser à autre chose. Pourtant, dès son plus jeune âge, Noureev aimait les livres, la musique et la peinture ; le peintre Van Gogh, en particulier, le fascinait. Il continua à étudier et à apprendre toute sa vie, et il parlait cinq langues.

Naissance d'une star

La fuite théâtrale de Noureev en fit instantanément une célébrité, et sa renommée ne s'éteignit jamais. Il fit une de ses premières apparitions sur scène avec le Royal Ballet, où il commença une longue carrière et établit un fabuleux partenariat avec Margot Fonteyn. Jamais en repos, Noureev apparut dans nombre des plus beaux ballets et compagnies de danse moderne, dont celle de Martha Graham (p. 90-91). Au cours de ses dernières années, il donna un nouveau souffle au Ballet de l'Opéra de Paris qu'il dirigea.

Avec Margot Fonteyn dans *Marguerite et Armand*, de Frederick Ashton, 1963.

Idole populaire

Des millions de gens ne connaissant rien en ballet ont entendu parler de Rudolf Noureev. Avec son style excentrique, il lança des modes, dansa dans des discothèques avec des stars du cinéma comme Elizabeth Taylor, et joua dans des films, notamment *Valentino*. Il dansa également *Swine Lake* (« *Le Lac des cochons* », une parodie du *Lac des cygnes*, *Swan Lake* en anglais) avec Miss Piggy du *Muppet Show*, et fit une tournée en Amérique pour un remake de la comédie musicale *Le Roi et Moi*. Il était en quête permanente de nouveaux défis à relever.

Noureev dans le *Muppet Show*, en 1978.

Petrouchka, le tragique pantin, reste un des rôles les plus émouvants de Noureev.

Toujours plus haut

Avant Rudolf Noureev, aucun danseur n'avait connu un tel succès. Sur scène, les hommes servaient plutôt de faire-valoir aux ballerines. Noureev était un danseur exceptionnel, ses solos étaient pleins d'énergie et, quand il sautait, il semblait suspendu dans les airs. Il fut aussi le premier grand danseur dramatique. Les héros qu'il incarnait étaient plus enflammés et passionnés que nobles et élégants. Noureev fut la première grande star de ballet à s'essayer à la danse moderne. Il donna une impulsion au libre échange de styles que l'on observe souvent aujourd'hui.

Éblouissants *danseurs*

Aujourd'hui, les **danseurs phares** sont appelés *danseurs principaux*, mais, traditionnellement, ils portaient le nom romantique de *premiers danseurs*, leurs confrères moins connus étant simplement des danseurs. Autrefois, le rôle des danseurs masculins était de mettre en valeur les ballerines. Aujourd'hui, ils jouent un rôle bien plus important et sont aussi célèbres et adulés que les danseuses étoiles.

◀ **Vaslav Nijinski** fut l'un des plus célèbres danseurs de tous les temps. D'une technique irréprochable et bon acteur, il était également chorégraphe. Après une formation avec le Ballet Mariinsky, il partit avec Diaghilev et les danseurs des Ballets russes à Paris, où il attira un large public. Certains de ses spectacles firent sensation, en particulier *L'Après-Midi d'un faune* (à gauche).

◀ **Jacques d'Amboise** fut danseur principal au New York City Ballet. Il créa de nombreux rôles dans des spectacles de Balanchine, tels que *Western Symphony* et *Stars and Stripes* (à gauche). Il apparut aussi dans les films hollywoodiens *Les Sept Femmes de Barbe-Rousse* et *Carousel*. Quand il arrêta la scène, il réussit une seconde carrière de professeur et de chorégraphe.

▲ **Robert Helpmann** interprétait les personnages avec talent. Tard dans sa carrière, il fut une mémorable « sœurâtre » dans *Cendrillon* d'Ashton. Il joua et dansa dans le film emblématique *Les Chaussons rouges* (ci-dessus). Helpmann fut l'un des premiers membres du Ballet Vic-Wells de Londres (aujourd'hui le Royal Ballet). Né en Australie, il devint directeur de l'Australian Ballet en 1965.

◀ **Vladimir Vasiliev**, grande star du Bolchoï des années 1960 et 1970, tint des rôles techniques difficiles, comme ceux de Spartacus dans la chorégraphie de Yuri Grigorovitch et d'Albrecht, un héros romantique, dans *Giselle*. Le plus souvent, il brillait avec sa femme, la ballerine Ekaterina Maximova, dans des pas de deux étourdissants, notamment celui de *Don Quichotte* (ci-contre).

◀ **Patrick Dupond** est connu pour sa technique dynamique et son style spectaculaire, qui lui ont attiré les faveurs du public et des chorégraphes modernes comme Twyla Tharp, Roland Petit et Maurice Béjart (p. 82-83). Au début des années 1990, il devint directeur de l'Opéra de Paris, qui l'avait formé.

▶ **Roberto Bolle**, formé à la Scala de Milan, y accéda au statut de danseur principal et dansa dans de nombreuses compagnies, telles que l'American Ballet Theatre, le Royal Ballet et le Ballet de Tokyo. Il apparaît comme invité spécial dans d'autres événements : ci-contre, pour la fête du 80e anniversaire de la maison de mode de Salvatore Ferragamo.

▶ **Carlos Acosta** aurait pu suivre une voie très différente si son père ne l'avait encouragé à danser. Il vivait une adolescence dissipée à Cuba mais, après avoir commencé le ballet, il obtint ses rôles de premier plan avant l'âge de 20 ans. Membre du Royal Ballet, il danse aussi pour d'autres compagnies, y compris le Bolchoï. C'est aujourd'hui le danseur le plus célèbre du monde.

▲ **Ivan Vasiliev** entra au Bolchoï avant l'âge de 20 ans et, quelques années plus tard, devint danseur principal. Trapu et fort, il fait des bonds extraordinaires, auxquels se prêtent particulièrement des rôles comme Spartacus (ci-dessus). En 2011, il quitta le Bolchoï pour entrer au Théâtre Mikhaïlovsky de Saint-Pétersbourg, plus expérimental.

Une touche de modernité

Les pionniers de la danse moderne avaient tendance à tout rejeter du ballet classique. Mais d'autres danseurs et chorégraphes ont cru pouvoir créer **de nouvelles formes de danse inédites** en y intégrant certaines traditions. Le ballet moderne est né il y a presque un siècle, mais des variantes continuent à éclore aujourd'hui.

Roland Petit et sa femme, Zizi Jeanmaire, dans *Carmen*.

◀ **Roland Petit**, né en 1924, étudia et dansa au Ballet de l'Opéra de Paris, qu'il quitta pour fonder les Ballets des Champs-Élysées, la première des nombreuses troupes qu'il dirigea au cours des décennies suivantes. Il travaillait sur des projets étonnamment variés, notamment des films hollywoodiens, et créa des ballets pour des compagnies du monde entier. Zizi Jeanmaire, sa femme, dansait souvent dans ses œuvres.

Le Tour du monde en 80 minutes, le dernier ballet de Béjart.

▲ **Maurice Béjart**, contemporain de Petit (ci-dessus), fonda plusieurs compagnies de danse, dont la principale était le Ballet du XXe siècle, à Bruxelles. Fasciné par la culture moderne, il fut le premier chorégraphe classique à utiliser la musique électronique. En 1997, il mit en scène *Ballet pour la vie*, à partir de l'histoire du chanteur de Queen, Freddy Mercury, et du danseur Jorge Donn, tous deux morts jeunes.

▼ **Robert Joffrey** et Gerald Arpino, danseurs et chorégraphes, fondèrent en 1956 le Joffrey Ballet, qui proposait un étonnant répertoire mixte, de *Billboards*, basé sur des musiques de la pop star Prince, à des remakes de ballets tels que *Petrouchka*, créé en 1911 par Michel Fokine (p. 66). Le travail expérimental de Joffrey au sein de la compagnie a fortement influencé le ballet du XXIe siècle.

Valerie Robin et Fabrice Calmels dans *Light Rain* du Joffrey Ballet.

Lynda Sing et Matthew Dibble dans la production de la Twyla Tharp Dance de *Known by Heart* (« *Appris par cœur* »).

▶ **BalletBoyz** Michael Nunn et William Trevitt, anciens danseurs principaux du Royal Ballet, créèrent leur propre compagnie, BalletBoyz, en 2001, dans le but de présenter des œuvres différentes et de dépoussiérer l'image des danseurs de ballet masculins. D'un abord facile, leurs spectacles s'adressent à un large public.

William Trevitt et Michael Nunn dans *Jianke*.

▲ **Twyla Tharp** Dans sa jeunesse californienne, Twyla prit des leçons de ballet, de claquettes, de jazz et de danse moderne. Elle prit goût à la comédie musicale dans le cinéma que tenaient ses parents. Dès le début des années 1970, elle chorégraphia des ballets où toutes ces influences étaient présentes. Elle fonda sa propre compagnie, Twyla Tharp Dance. Elle travaille aujourd'hui avec des compagnies de ballet et pour la télévision. Une de ses œuvres les plus célèbres est *Deuce Coupe*, sur une musique des Beach Boys, premier ballet à combiner classicisme et modernité.

In the Middle, Somewhat Elevated, spectacle du Mariinsky.

▼ **Pina Bausch** Grande pionnière du ballet moderne, Pina Bausch a pris en 1973 la direction artistique du Tanztheater de Wuppertal, en Allemagne. Ses œuvres insolites associent la danse et le théâtre, avec des dialogues, des décors étranges (une scène recouverte de terre, par exemple) et de curieux mélanges de musique.

Nefes, de Pina Bausch, dansé à la Brooklyn Academy of Music.

▲ **William Forsythe**, né et formé aux États-Unis, créateur de ballets du XXIe siècle originaux et passionnants, établit son nom en Europe comme chorégraphe du Ballet de Francfort et du Ballet de Stuttgart. Il réside en Allemagne, où il a fondé en 2004 la Forsythe Company, dont les spectacles portent des titres étranges, tels que *In the Middle, Somewhat Elevated*, *You Made Me a Monster* et *Yes, We Can't*. Ses œuvres font aujourd'hui le tour du monde.

Pieds et
sentiments à nu

À l'origine rébellion contre le ballet classique, **la danse moderne** privilégie **l'expression de sentiments forts** à l'histoire. Beaucoup de danseurs actuels sont bivalents ou mélangent les deux styles.

Les pionniers de la danse moderne

Au début du xxe siècle, des danseurs et des chorégraphes se rebellèrent contre le ballet classique, qu'ils trouvaient trop enfermé dans une tradition et des costumes convenus. En Amérique et en Europe, beaucoup d'entre eux voulaient libérer les mouvements et **exprimer leurs sentiments** et leurs pensées à leur manière. Ces pionniers ont jeté les bases de la danse moderne.

Affiche Art nouveau de Loïe Fuller, 1893.

La muse des artistes

La danseuse Loïe Fuller créait des formes avec des écharpes de soie tenues au bout de longs bâtons, chorégraphiant ses apparitions. Des projections de lumières colorées sur la soie faisaient partie intégrante de son travail. Née dans l'Illinois en 1862, Fuller débuta comme actrice, chanteuse et éclairagiste de plateau avant de se tourner vers la danse, bien que n'ayant aucune formation académique. Elle dansa avant tout en Europe, et devint la mascotte des artistes, qui la peignirent ou la sculptèrent volontiers.

Rudolf Laban avec les danseurs de l'Opéra de Berlin en 1934.

Le maître du mouvement

Rudolf Laban, pionnier de la danse moderne européenne, étudia non seulement la théorie et la pratique de la danse, mais aussi du mouvement en général. Né en 1879 en Hongrie, grand pédagogue, il fonda des écoles en Allemagne et en Angleterre et inventa le système de notation de danse (enregistrant le mouvement sur le papier, comme des notes de musique) nommé *Labanotation* en anglais (en français, cinétographie, voir p. 67).

Mary Wigman dans la *Danse du désespoir* (« *Dance of Sorrow* »).

Une sorcière théâtrale

Née en 1886 en Allemagne, Mary Wigman, élève de Rudolf Laban, propagea son enseignement. Elle s'appliqua à exprimer des émotions à travers la danse, et son style théâtral se dispensait souvent d'intrigue et même de musique. Dans un de ses solos les plus célèbres, la *Danse de la sorcière*, elle se livrait à des distorsions corporelles. Comme son maître, Laban, elle ouvrit de nombreuses écoles de danse en Allemagne et aux États-Unis.

Isadora Duncan en couverture de magazine, 1904.

Au gré du courant

Il ne fallut que quelques cours de ballet pour qu'Isadora Duncan trouve la danse classique rigide et peu naturelle et décide de créer son propre style. Cette flamboyante danseuse, née à San Francisco, en Californie, en 1877, se disait inspirée par le mouvement des vagues et des arbres, ainsi que par les sculptures anciennes. Vêtue de tuniques et de foulards légers, elle ponctuait ses danses de sauts et de courses extravagantes et fluides. Présentée au public parisien par Loïe Fuller, elle se produisit en Europe et en Russie.

Une déesse égyptienne

Si la danseuse Ruth Saint Denis mêlait déhanchements, ondulations des bras, expressions faciales boudeuses, pas de gymnastique et de danse populaire, elle n'en prenait pas moins son art très au sérieux. Née en 1879 dans le New Jersey, aux États-Unis, elle commença sa carrière au music-hall, comme beaucoup de pionniers de la danse moderne. En 1904, une publicité de cigarette représentant la déesse égyptienne Isis lui donna l'idée de créer son style de danse orientale. Très populaire en Amérique et en Europe, elle y fit de longues tournées. Avec son partenaire Ted Shawn, elle fonda à Los Angeles l'école de danse Denishawn, où de nombreux danseurs, notamment Martha Graham et Doris Humphrey (voir p. 90-91), débutèrent.

Ruth Saint Denis sur scène, 1920.

Doris Humphrey dansant avec un large cerceau, 1925.

Expression libre

Après une carrière de danseuse de salon, Doris Humphrey, née dans l'Illinois, aux États-Unis, en 1895, étudia à l'école Denishawn avec Ruth Saint Denis. Elle fonda sa propre école avec le danseur Charles Weidman. Pour elle, l'essentiel n'était pas le spectacle, mais les sentiments et les pensées du danseur. Elle s'intéressait à ce qu'elle appelait « la chute et la reprise » corporelle, utilisant le poids de son corps pour s'exprimer. Son travail est encore vivant, et son livre, *The Art of Making Dances* (« *Construire la danse* »), est une précieuse ressource.

Abattre les barrières

José Limón, danseur et chorégraphe américano-mexicain né en 1908, fut parmi les premiers à casser les barrières entre la danse moderne et le style conventionnel du ballet et de Broadway. Élève de Doris Humphrey, il dansait dans les années 1930 au sein de sa compagnie et apparaissait dans des comédies musicales. Après avoir fait la Seconde Guerre mondiale, il fonda sa propre compagnie et prit Humphrey comme directrice artistique. Il réalisa plusieurs créations, dont *La Pavane du Maure*, un ballet basé sur *Othello*, de Shakespeare.

Un saut groupé de José Limón (à gauche) et Charles Weidman.

Une approche moderne

S'il est facile de cerner les principes du ballet (ou du tango, ou des claquettes), la danse moderne se définit davantage de façon négative, par ce qu'elle n'est pas. Le danseur ne porte jamais de pointes et reste pieds nus, ou en chaussons souples. La danse moderne demande de la pratique, mais n'exige ni positions fixes, ni pas précis. Les sentiments doivent guider les pas des danseurs. Au début, les puristes ne se préoccupaient pas de produire une impression de légèreté ni de se tenir droits, mais utilisaient le poids de leur corps pour accentuer les mouvements, souvent au ras du sol.

L'homme derrière les gestes

Né en Chine, Shen Wei quitta son foyer à l'âge de neuf ans pour étudier l'opéra chinois. Plus tard, il devint membre fondateur de la Guangdong Modern Dance Company, première troupe de danse contemporaine du pays. En 1995, il partit pour New York où il forma la Shen Wei Dance Arts en 2000. Il travaille également avec de nombreuses autres compagnies à travers le monde. En 2008, il fut l'un des principaux chorégraphes à l'origine de la fabuleuse cérémonie d'ouverture des Jeux olympiques de Pékin.

Un autre opéra

En Chine, le terme *opéra* désigne une forme de théâtre traditionnel qui associe musique, comédie, chant, mime, danse et acrobaties, le tout dans un décor scénique très élaboré. Par le passé, ces spectacles s'inspiraient du folklore et de l'histoire ; aujourd'hui, ils ont souvent pour thème la vie contemporaine.

La Compagnie de l'Opéra de Pékin dans une version revisitée de la fable traditionnelle chinoise *La Légende du serpent blanc*.

La patte de Shen Wei

Comme beaucoup de chorégraphes contemporains, Shen Wei a créé sa propre gestuelle, qu'il nomme « développement corporel naturel ». Elle concerne non seulement les pas et les positions mais également le *chi* (le flux d'énergie qui circule dans le corps), le contrôle de la respiration et la place des corps dans l'espace. Shen laisse aussi l'instinct de ses danseurs guider leurs pas.

Shen Wei et ses danseurs en répétition.

Shen Wei

La compagnie Shen Wei Dance Arts, l'une des plus créatives dans l'univers de la danse contemporaine, **mélange les traditions de l'Orient et de l'Occident**. Le résultat fascinant – et parfois mystérieux – obtenu par ces danseurs combine à la fois l'art et la musique, et s'inspire de nombreuses cultures, présentes ou passées.

Deuxième visite à l'impératrice…

L'un des opéras chinois classiques que Shen Wei étudia enfant était *Second Visit to the Empress* qui avait été créé plus de trois siècles auparavant. Shen l'a interprété à sa façon en associant les formes artistiques anciennes de l'opéra de Pékin et le style unique de ses propres danseurs.

Dans *Second Visit to the Empress*, des professionnels de l'Opéra de Pékin partagent la scène avec la troupe de Shen Wei.

Connect Transfer

Cette œuvre est parfois appelée la « boîte de couleurs » de Shen car les corps des danseurs ondulent ensemble pour former des boucles qui rappellent l'écriture cursive. Il existe deux versions de *Connect Transfer.* Dans l'une et l'autre, les danseurs tracent des courbes sur une toile en arrière-plan, créant ainsi une œuvre abstraite.

Le Sacre du printemps

Comme beaucoup d'autres chorégraphes, Shen Wei a été inspiré par l'intensité de la composition d'Igor Stravinsky. À l'origine, le ballet racontait une histoire dramatique inspirée d'anciens rituels religieux. La version de Shen Wei n'a pas d'intrigue, ses danseurs évoluant en fonction des motifs musicaux.

Origami

Shen Wei est fasciné par les matières qui peuvent être pliées – telles que le papier, le tissu... et les gens. Dans *Folding*, les danseurs évoluent lentement, courbant leur corps au son de chants bouddhistes et sur une musique de John Taverner. Le spectacle a été donné au musée Guggenheim de New York (ci-dessus). C'est une version spécifique, expressément conçue pour l'endroit, ce qui montre que le lieu est une composante importante du spectacle.

Créer pour la danse

Tout en étudiant l'opéra chinois, Shen Wei fut formé à la scène et au stylisme, il pensa même un temps devenir peintre. Il crée lui-même les costumes, le maquillage et les décors de ses productions. Ci-dessous, le décor de *Second Visit to the Empress.*

Biographie

1894 : naît près de Pittsburgh, en Pennsylvanie, aux États-Unis.

1908 : déménage en Californie avec sa famille.

1916 : commence sa formation à l'école Denishawn, à Los Angeles, où elle devient professeur, puis danseuse dans la compagnie.

1923 : quitte l'école et part à New York pour se lancer dans une carrière solo.

1926 : forme la Compagnie de danse Martha Graham.

1931 : crée *Primitive Mysteries* (« *Mystères primitifs* »), son chef-d'œuvre chorégraphique.

1969 : donne son dernier spectacle à New York, à l'âge de 74 ans.

1991 : meurt à New York, juste avant son 97e anniversaire.

La compagnie

Basée à New York, la Compagnie de danse Martha Graham compte plus de 180 danses dans son répertoire et a accueilli des danseurs aussi célèbres que Twyla Tharp, Alvin Ailey, Paul Taylor et Merce Cunningham. Son travail a été repris par Margot Fonteyn, Rudolf Noureev, Mikhaïl Baryshnikov et Liza Minelli, entre autres.

Influences

La voix du corps

Le père de Martha Graham, un psychologue qui observait la façon dont ses patients bougeaient pour comprendre leurs sentiments, disait : « Le mouvement ne ment jamais. » Cette théorie inspira le travail de sa fille.

Des amis créatifs

Martha travaillait avec les compositeurs Aaron Copland et Louis Horst, qui écrivirent de la musique pour elle. Le sculpteur Isamu Noguchi faisait les décors de ses spectacles, et Calvin Klein, le dessinateur de mode, créait les costumes.

Martha Graham

« Le corps dit ce que les mots ne peuvent pas exprimer. »

Pour la plupart des gens, **Martha Graham** est la mère de la danse contemporaine. Née à la fin du XIXe siècle, elle **domina le monde de la danse pendant des décennies** en tant que danseuse et chorégraphe, et créa une théorie du langage et du mouvement encore d'actualité.

Une vie de danseuse

Martha Graham commença à danser très tardivement, à l'âge de 22 ans, à l'école Denishawn (p. 86), où elle resta huit ans avant de s'installer à New York. Elle travailla comme professeur, danseuse et chorégraphe avant de former sa compagnie de danse en 1926.

Martha Graham et Robert Gorham dans *Xochitl*, 1920.

Membres de la compagnie de Martha Graham lors d'une répétition générale à Berlin, en Allemagne.

La compagnie de Martha Graham interprétant *Appalachian Spring* (« *Printemps des Appalaches* »).

Effets de scène

En créant sa propre compagnie, Martha put donner vie à ses idées. Une de ses œuvres les plus célèbres, *Primitive Mysteries* (1931), évoque le religieux et le rituel. En ce temps-là, personne ne faisait de spectacle de danse sur un thème aussi sérieux. Sa fascination pour l'histoire américaine lui inspira *Frontière* (1935) et *Appalachian Spring* (1944), un hommage aux pionniers américains du XIXe siècle.

Le mouvement moderne

Martha Graham mit au point des façons de danser particulières et des techniques insolites. Deux de ces dernières étaient la contraction et le relâchement des muscles abdominaux, accompagnés du contrôle de la respiration. Elles constituent encore la base de la danse moderne américaine. Le style de Martha Graham préfère les formes pointues, hérissées, aux formes rondes et douces, et les mouvements soudains et saccadés aux gestes lisses et arrondis.

Méthodes d'enseignement

Martha Graham utilisait des techniques spéciales pour former ses danseurs. Les cours commençaient au sol par la contraction, le relâchement et la spirale, une torsion du buste autour de la colonne vertébrale. Les danseurs s'échauffaient les pieds et les jambes et commençaient à traverser la pièce avant d'enchaîner les mouvements.

Martha Graham donnant un cours de danse en 1954.

Compagnies *contemporaines*

En danse moderne pas besoin d'une foule de danseurs, de décors recherchés, ni d'histoires traditionnelles. Ainsi, les compagnies plus modestes peuvent produire des **œuvres inédites et passionnantes**. Les troupes d'aujourd'hui séduisent avec un mélange de danse et de théâtre qui reflète leur culture et la vie au XXIe siècle.

▶ **La compagnie de Merce Cunningham** Cunningham, un des premiers à danser sur de la musique électronique, fonda sa compagnie en 1953. Il travaillait souvent avec des artistes comme John Cage et Andy Warhol, qui créèrent l'œuvre ci-contre, *Rain Forest*, inspirée par la nature.

▲ **La compagnie de Paul Taylor** Dans *Esplanade* (ci-dessus), les danseurs de Paul Taylor marchent, courent et sautent pour créer une impression de piétons dans la rue. Cette œuvre est caractéristique de cet ancien nageur devenu un danseur et chorégraphe novateur, qui créa sa compagnie en 1954.

◀ **L'American Dance Theater d'Alvin Ailey** utilise le blues et le gospel, notamment pour accompagner le hip-hop dans *Home*, du chorégraphe Rennie Harris (à gauche). Ailey fonda sa compagnie en 1958 pour créer des spectacles de danse afro-américaine.

▶ **Nederlands Dans Theater** Cette compagnie fut fondée en 1959 par des artistes du Ballet national néerlandais qui voulaient aller vers plus d'expérimentation. Dans *Bella Figura* (à droite), le chorégraphe Jirí Kilián réunit différents styles de musiques, de danses et de costumes.

◀ **Rambert Dance Company** En 1926, à Londres, la danseuse polonaise Marie Rambert fonda une petite compagnie de danse, le Rambert Ballet qui, en 1966, s'orienta vers la danse contemporaine pour prendre, en 1987, le nom de Rambert Dance Company. Depuis, elle présente des spectacles de chorégraphes modernes majeurs, comme *Constant Speed* de Mark Baldwin en 2005, récompensé par un prix (photo de gauche).

▲ **Sankai Juku** Connu dans le monde entier, *Sankai Juku*, fondé par Ushio Amagatsu en 1975, offre un nouveau style de butô, performance artistique japonaise moderne. Tête rasée et corps poudré, ces danseurs, tous des hommes, se déplacent de façon hypnotique, au ralenti. Dans un décor onirique, *Hibiki* (ci-dessus) fait usage de sons électroniques et d'une technique de scène élaborée.

▶ **Compañia Nacional de Danza** Cette compagnie espagnole présente surtout des œuvres contemporaines, étayées par une tradition classique. En fait, la Compañia Nacional de Danza commença sa carrière en 1979 comme troupe de ballet classique. Ici *Artifact II*, une œuvre abstraite du chorégraphe William Forsythe (voir p. 66-67), sur une musique de Jean-Sébastien Bach.

Au commencement...

Histoires volées

The Car Man s'inspire de l'opéra *Carmen*, l'histoire d'amour tragique d'une ouvrière d'une manufacture de tabac, en Espagne au XIXe siècle, sur une musique du compositeur français Georges Bizet (1838-1875). Si le ballet reprend les thèmes de l'opéra – amour et jalousie –, l'intrigue est empruntée à un classique du cinéma, *Le facteur sonne toujours deux fois*. Dans le film, l'arrivée du héros dans une petite ville crée des tensions au point de détruire des vies.

Scène d'une représentation de *Carmen* au XIXe siècle.

Une musique pour danser

La musique du *Car Man* est reprise d'une version de l'opéra de Bizet adaptée par Rodion Schedrin pour un ballet court, également intitulé *Carmen*. Écrite pour percussion et cordes, elle n'était pas assez longue pour la chorégraphie de Matthew Bourne, qui demanda à un autre compositeur, Terry Davies, de la compléter.

L'homme du *Car Man*

Matthew Bourne commence à danser tard, à l'âge de 22 ans. Après une formation à Londres, il chorégraphie des pièces de théâtre et des comédies musicales. En 1987, il fonde Adventures in Motion Pictures, une troupe de danse très originale spécialisée dans le détournement farfelu d'œuvres existantes, ballets, pièces ou films. Il fonde sa dernière compagnie, New Adventures, en 2002. Parmi ses spectacles les plus connus, souvent dansés par des hommes, on compte *Le Lac des cygnes, Casse-Noisette, Cendrillon, Dorian Gray* et *Edward aux mains d'argent*.

The **Car Man**

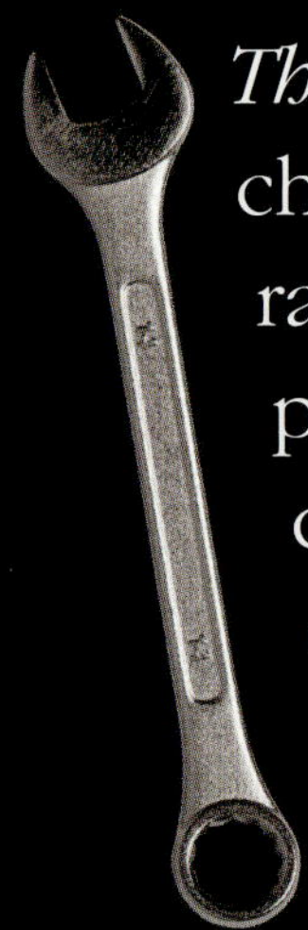

The Car Man se différencie des autres chorégraphies modernes par le fait qu'elle raconte une histoire. Mais cette histoire, créée par Matthew Bourne, n'a rien d'un conte de fées de ballet. C'est un **polar sombre et cru**, situé en Amérique dans une petite ville des années 1960, autour d'un garage. Les danseurs, pieds nus ou en bottes de travail, sont très réalistes.

L'histoire...

Dans la petite ville d'Harmony, des mécaniciens réparent des voitures dans le garage de Dino. Le soir, ils sortent avec leur petite amie au restaurant du coin, où la femme de Dino, Lana, et la sœur de cette dernière, Rita, travaillent comme serveuses. Un soir, un bel étranger, Luca, arrive en ville et séduit tout le monde. Dino l'embauche au garage, mais assez vite, il découvre que son nouvel employé s'intéresse de trop près à sa femme. Luca se lie aussi d'amitié avec un jeune mécano, Angelo, que tout le monde maltraite, et lui apprend à se défendre. L'enchaînement des événements se complique, jusqu'à mener à la trahison, à la violence et même au meurtre.

Le garage de Dino

La première scène du *Car Man* a lieu dans le garage de Dino, où des mécaniciens musclés, vêtus de chemises de travail et de T-shirts sales, bondissent sur une musique de Bizet. Nous y rencontrons deux des héros de l'histoire : Dino, le propriétaire du garage, et Angelo, l'apprenti timide et maltraité.

La danse dynamique des mécaniciens.

Angelo danse en prison.

Le rock des prisonniers

À l'acte II, Angelo est arrêté et emprisonné pour un crime qu'il n'a pas commis. Dans sa cellule, les mains liées, il danse en solo pour exorciser son angoisse. Plus tard, il reçoit la visite de son ex-petite amie, Rita, qui lui révèle la vérité.

La journée de travail est finie et les « mécanos » se défoulent au restaurant.

Jonathan Oliver interprète le cygne de Bourne, 2009.

Les aventures de Bourne

Dans *Le Lac des cygnes* de Bourne, de puissants cygnes mâles dansent sur une musique de Tchaïkovski au lieu de gracieuses ballerines, et les rôles sont inversés : c'est le prince, et non le cygne, qui recherche la liberté, et c'est le cygne, et non le prince, qui trahit. C'est cette version du *Lac des cygnes* qui apparaît dans l'histoire de *Billy Elliot* (voir p. 117). Dans un autre ballet, Matthew Bourne reprend un conte de fées moderne, *Edward aux mains d'argent*, un film de 1990 de l'Américain Tim Burton. C'est l'histoire drôle et romantique, parfois un peu inquiétante, d'un gentil jeune homme, créé par un inventeur fou qui lui a donné des ciseaux à la place des doigts.

Sam Archer dans le rôle-titre d'*Edward aux mains d'argent* et Kerry Biggin dans le rôle de Kim, la fille qu'il aime.

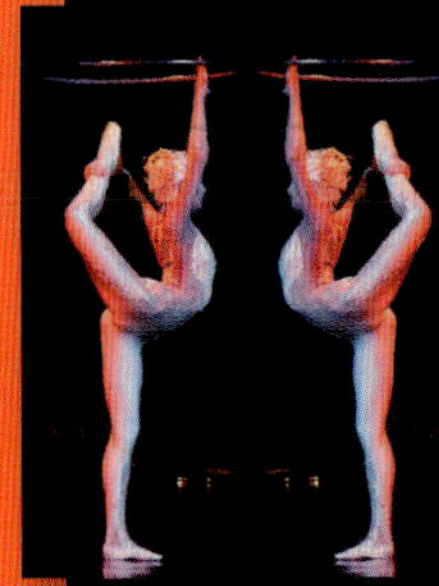

Le Cirque du Soleil

« Pour pousser plus loin l'aventure, dépassez vos rêves… »

Cette compagnie exceptionnelle a démarré au Canada dans les années 1980. Le Cirque du Soleil crée un **mélange original de cirque et de spectacle de rue**, comportant des numéros de danse et d'acrobatie époustouflants, qui font aujourd'hui le tour du monde.

Les danseurs-acrobates de *Saltimbanco*.

Totem

Basé sur des mythes issus de cultures variées, *Totem* parle de l'évolution de la race humaine, des premiers êtres sortis de la mer à l'homme moderne désirant voler. Une partie du décor représente une tortue géante, et quelques artistes évoluent sur des monocycles géants ou en patins à roulettes.

Danseurs en patins à roulettes dans *Totem*.

Saltimbanco

Saltimbanco évoque la ville moderne, ses rues, ses immeubles, ses trottoirs et les hommes d'origines et de cultures différentes qui essaient d'y vivre ensemble, en harmonie.

Alegría

Plutôt sombre, ce spectacle n'est pas aussi joyeux que le suggère son nom (« joie » en espagnol). Il a pour thème l'oppression des citoyens par les rois et les gouvernements, des jeunes par les vieux, et des personnes différentes par tous.

Le beau décor et les splendides costumes d'*Alegría*.

Des numéros de cirque

Au début, le Cirque du Soleil était une petite troupe de théâtre du Québec, au Canada. En grandissant, la compagnie mit en valeur ses numéros de danse et d'acrobatie (notamment sur échasses) grâce à une technique scénique et des effets de lumière astucieux.

Costumes colorés dans les coulisses de *Saltimbanco*, spectacle du Cirque du Soleil en Pologne.

Pour préserver l'atmosphère du spectacle, le personnel technique n'intervient pas sur scène : ce sont les **artistes qui changent les accessoires** et les décors.

Dans ses spectacles, le Cirque du Soleil utilise une **technologie interactive particulière**, pour créer des fonds de scène (lacs, volcans…) qui semblent réagir aux mouvements des artistes.

Le Cirque du Soleil n'utilise jamais de musique enregistrée : **des musiciens professionnels jouent en live** pour chaque spectacle.

La troupe emploie plus de 5 000 personnes ; 25 langues y sont parlées et plus de 50 nationalités et une centaine de métiers y sont représentés.

Le Cirque du Soleil a un impact international : non seulement il se produit dans le monde entier, mais il **crée des projets communautaires** dans plus de 20 pays, pour essayer d'aider les jeunes et les plus démunis.

Démonstration de porté et d'équilibre dans *Varekai*.

Numéro acrobatique dans *Quidam*.

Quidam

Quidam est l'histoire d'une jeune fille triste et désœuvrée, qui rêve à des personnages colorés qui vont l'aider à s'évader de la monotonie de sa vie. En latin, *quidam* signifie « étranger anonyme ».

Danseurs de *Varekai* en costumes d'oiseaux tropicaux.

Varekai

Varekai, en gitan roumain, veut dire « n'importe où ». Il s'inspire du mythe d'Icare, qui tomba après avoir volé trop près du soleil. Dans ce spectacle, il atterrit au cœur d'une jungle enchantée, rencontre des créatures fantastiques, et réapprend à voler.

Magiques comédies **musicales**

Difficile de dépasser l'enthousiasme que procure une **fastueuse comédie musicale** sur scène ou à l'écran. De *Chantons sous la pluie* à *High School Musical*, elles sont une **source de joie inépuisable**.

En scène !

Un peu d'histoire...

Jusqu'en 1920, la danse sur scène se résumait à des numéros de music-hall et à de joyeux spectacles de théâtre. Mais en 1927, **la comédie musicale fit une apparition remarquée** avec *Show Boat* de Jerome Kern, qui devait servir de référence au genre. Après l'avènement du cinéma parlant à Hollywood, dans les années 1930, les comédies musicales sont vite devenues incontournables. Même si elles sont essentiellement anglo-saxonnes, le monde entier les apprécie.

La danseuse de music-hall Ella Shields.

À l'origine...

Les premiers spectacles musicaux alliant chant et danse furent les opéras : des ballets ont été insérés dans de nombreux opéras célèbres. La danse occupait une place importante dans le music-hall britannique et dans le vaudeville américain, où chanteurs, danseurs, musiciens, jongleurs et acrobates se partageaient la scène. Les numéros associaient le chant et la danse, sans intrigue réelle. *The Black Crook* (1866) est considéré comme la première « comédie musicale » racontant une histoire chantée et dansée.

Une petite détente

L'une des premières comédies musicales fut *Little Johnny Jones* de George M. Cohan (1904). Cohan, une star du vaudeville, amusait le public avec des numéros de danse enlevés et des chansons entraînantes. Pendant la Première Guerre mondiale, la danse chantée offrit au public des moments de détente salutaires, avec par exemple la comédie populaire *Chu Chin Chow* (basée sur *Les Mille et Une Nuits*).

Partition.

Terres de théâtre...

Au début du XIXe siècle, en Angleterre, seuls les « théâtres patentés » avaient le droit de présenter des pièces. Quand la loi s'est assouplie, de nombreux théâtres se sont créés dans le quartier du West End à Londres, et ce jusqu'à la Première Guerre mondiale. À New York, les théâtres se concentraient sur Broadway Avenue. Le vaudeville évoluant vers la comédie musicale où brillent des chanteurs et danseurs de haut niveau, l'image du quartier s'est améliorée et le public élargi.

Show Boat

En 1927, *Show Boat*, première comédie musicale à s'émanciper des intrigues banales, créa la surprise. Le compositeur Jerome Kern et le librettiste Oscar Hammerstein s'inspirèrent de spectacles de chant et de danse noirs populaires, et s'attaquèrent aux thèmes délicats de la race et des préjugés. La chanson *Can't Help Lovin' Dat Man*, sur un air de « cake-walk », est interprétée par des personnages blancs et noirs.

Can't Help Lovin' Dat Man, dans le film de 1936.

L'aubaine du parlant

Dans les années 1930, avec l'arrivée du cinéma parlant, Hollywood accueillit à bras ouverts les comédies musicales. Ce mélange de chants et de danses fut une aubaine pour les réalisateurs et enthousiasma le public. De somptueuses comédies musicales avec un énorme casting, comme celles de Busby Berkeley (voir p. 102-103), ne pouvaient qu'être filmées.

La comédie musicale à l'écran

Au fil des décennies, les comédies musicales filmées ont été plus ou moins à la mode. Les plus célèbres d'entre elles illustrent deux approches différentes : des adaptations pleines d'imagination de la scène à l'écran (comme *Oklahoma !* et *Chicago*) ou des créations originales pour le cinéma, talentueuses et stylées, telles que *Singin' in the Rain.*

Affiche de *Chicago*.

En ligne pour la revue

La plupart des danseurs de comédie musicale, sur scène comme à l'écran, font partie des chœurs. Ils dansent et chantent les seconds rôles de différents spectacles. Une des revues les plus célèbres ne fait partie d'aucune comédie conventionnelle : celle du Radio City Music Hall à New York, les Rockettes, qui arrive en tête d'affiche. Chaque année, à Noël, depuis plus d'un quart de siècle, elle présente son numéro dynamique, parfaitement au point, cinq fois par jour, sept jours sur sept, pour un public venu du monde entier.

Les Rockettes de Radio City.

Les comédies musicales modernes

Après des débuts modestes, la comédie musicale est devenue un spectacle passionnant et plein d'imagination, sur scène comme à l'écran. Depuis le *Show Boat* de Jerome Kern qui innovait au plan théâtral, le genre a prospéré et continue à étonner le public, à grand renfort de trains patineurs *(Starlight Express)*, d'animaux urbains *(Cats)* et de fauves dansants *(Le Roi lion)*.

Starlight Express.

Busby Berkeley

« Je voulais rendre les gens heureux, ne serait-ce que pour une heure. »

L'inventeur **des numéros hollywoodiens les plus spectaculaires** n'a jamais pris un seul cours de danse. La patte bien reconnaissable de Busby Berkeley sur la chorégraphie et la mise en scène privilégie la gaieté, la légèreté frivole et les longues files de danseuses constituant la revue.

Biographie

1895 : Busby Berkeley William Enos naît à Los Angeles, en Californie, de parents comédiens.

1925 : après avoir travaillé à Broadway pendant de nombreuses années, il joue le rôle d'un directeur de danse dans *Holka Polka.*

1927 : rencontre le succès à Broadway grâce à son travail sur *A Connecticut Yankee* et, l'année suivante, sur *Whoopee !* avec le chanteur Eddie Cantor.

1930 : travaille à Hollywood sur la version filmée de *Whoopee !*

1933 : atteint le sommet de sa carrière avec la sortie de quatre films à succès, dont le légendaire *42e Rue.*

1942 : dirige Gene Kelly dans son premier film, *For Me and My Gal.*

1971 : fait un remake de la comédie musicale des années 1920 *No, No, Nanette.*

1976 : meurt à Palm Springs, Californie, à 80 ans.

Influences

À la parade
Enfant, Berkeley étudia dans une école militaire et entra dans l'armée en 1918. Jeune lieutenant chargé d'organiser les défilés des troupes pour l'inspection, il disposait ses hommes selon des figures géométriques complexes, ce qui devait considérablement influencer son style.

Soldats marchant en formation.

Filles de revue dans *42e Rue.*

L'empreinte de Buzz

Quand Berkeley (surnommé « Buzz ») arriva à Hollywood, les chorégraphes jouaient un rôle limité. Rebelle, il dirigea lui-même les danseurs et prit la caméra. Son travail était facilement reconnaissable : il filmait avec une seule caméra et multipliait les gros plans des filles des revues.

Vue plongeante des danseuses de *Chercheuses d'or de 1933.*

Vues plongeantes

Les vues les plus caractéristiques de Berkeley sont prises en plongée totale. Il travaillait à grande échelle, avec des groupes de danseuses dessinant des formes qui évoquaient des kaléidoscopes ou des fleurs.

Dans *Prologue (Footlight Parade)*, Berkeley utilise des miroirs et des centaines de danseuses.

Au rythme des pas de danse

Au début des années 1930, pendant la Grande Crise, les gens avaient besoin d'oublier leurs soucis et les films de Berkeley leur apportèrent du réconfort. Buzz diriga les numéros de danse dans *42e Rue* dont l'héroïne est une doublure talentueuse à qui l'on donne un jour l'occasion de danser. Il dresse un tableau réaliste de la vie en coulisse, diffusant le message que le travail et la persévérance sont récompensés. La magie de Berkeley opéra et le film eut un grand succès.

42e Rue.

Busby à Hollywood

Après le succès de *42e Rue*, Berkeley resta à Hollywood et travailla avec plusieurs stars, notamment l'actrice Esther Williams, pour laquelle il créa des ballets aquatiques. À la fin des années 1930, la comédie musicale à grand spectacle passa de mode. Mais en 1942, Berkeley réalisa une comédie discrète, *For Me and My Gal*, avec un débutant qui se révéla excellent danseur et devint une star : Gene Kelly.

Esther Williams dans *Million Dollar Mermaid.*

Joyeuses claquettes

Parfois qualifiées de danse nationale américaine non officielle, les claquettes doivent leur existence aux esclaves africains des plantations du sud des États-Unis. Mélange de **pas, de gigues et de rythmes** de différentes cultures, elles ont parcouru un long chemin pour prendre place dans l'héritage américain, en passant par la scène et le cinéma.

Au commencement…

L'origine des claquettes

Au XIXe siècle, diverses populations traversèrent l'océan pour émigrer aux États-Unis, y apportant leurs musiques et leurs danses. Parmi elles, on comptait des paysans et ouvriers irlandais, écossais et anglais fuyant la misère, et des esclaves africains, pour lesquels la danse et les percussions comptaient beaucoup. Les tambours traditionnels leur étant interdits, les esclaves marquaient le rythme avec les pieds.
Cette pratique se répandit et se mêla à la gigue irlandaise et à la danse en sabots anglaise, combinaison nommée « *buck and wing* », l'ancêtre des claquettes.

Bill Robinson et Shirley Temple.

M. Bojangles

Les revues dites « *minstrels* », où des Blancs et des Noirs imitaient les danses des esclaves, furent les premiers spectacles de claquettes. Bill « Bojangles » Robinson commença ainsi sa carrière et devint le plus célèbre danseur de claquettes d'Amérique. En 1920, il dansait à Broadway et, dans les années 1930, il fit carrière à Hollywood, avec sa partenaire Shirley Temple, l'enfant superstar. Le 25 mai, jour de l'anniversaire de Bill Robinson, est la journée officielle des claquettes en Amérique.

Tendance

Quand « M. Bojangles » (voir à gauche) parut à Hollywood, les claquettes étaient de toutes les comédies musicales. Busby Berkeley (voir p. 102-103) et la génération suivante de danseurs stars en usèrent. Avec les frères Nicholas elles devinrent acrobatiques. Eleanor Powell perfectionna le jeu de jambes. Fred Astaire y associa la danse de salon et Gene Kelly adopta un style de danse classique athlétique. Apparurent ainsi les claquettes « rythmées », au jeu de pieds décontracté complexe, et celles de « Broadway » ou de « spectacle », avec mouvements des bras et du corps.

Eleanor Powell dans un numéro de claquettes dans *Broadway Melody of 1938*.

Sammy Davis Jr.

Des chaussures sonores

Les chaussures sonores n'ont rien de nouveau. Dans la Rome antique, les danseurs clouaient sous leurs sandales des bouts de métal *(scabilla)*. À la campagne, résonnaient les sabots de bois des paysans qui dansaient. Dans l'Amérique du XIXe siècle, les claquettes avaient des semelles en bois. Et lorsque apparurent les chaussures en cuir plus légères, on ajouta des clous ou des pièces de métal sous les semelles. L'avant et/ou les talons des claquettes en cuir modernes sont aussi en métal.

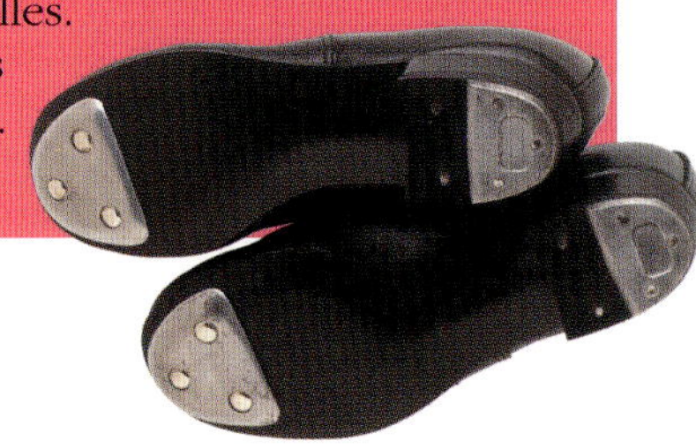

Toujours et encore

Quand les grandes comédies musicales des années 1940 et 1950 passèrent de mode, les claquettes se turent aussi. Mais leur esprit resta vivant grâce à des artistes polyvalents tels que Gregory Hines et Sammy Davis Jr. Dans le film *Tap* (1989), Hines porte des claquettes électroniques connectées à des synthétiseurs, qui produisent des sons variés quand il danse.

Jeux de pieds branchés

Les claquettes sont aujourd'hui très populaires. Leur retour, entamé dans les années 1980, est dû au brillant danseur et chorégraphe Savion Glover, élève de Gregory Hines, qui, en apportant à son jeu de claquettes l'esprit de ses racines africaines, leur donna une nouvelle jeunesse. Son style audacieux, insistant sur ce qu'il appelle la « frappe », semble faire passer un message. Ses rythmes et ses mouvements sont fidèles à l'esprit des claquettes. Il met en scène des chorégraphies spectaculaires à la télévision et au cinéma.

Savion Glover, cochorégraphe pour les séquences de claquettes du manchot dans *Happy Feet*.

L'équipe des *Tap Dogs* sur scène.

Les chiens dansants

Un des plus récents avatars des claquettes de ces dernières décennies est apparu en Australie, quand le danseur et chorégraphe Dein Perry créa *Tap Dogs* en 1995. Ce spectacle de 80 minutes présente un numéro de claquettes continu effectué par des danseurs vêtus en maçons, sur un site de construction sophistiqué. *Tap Dogs* fut si populaire que des variantes du spectacle original font encore le tour du monde.

L'âge **d'or**

Les années 1940 et 1950 marquèrent l'âge d'or de la grande comédie musicale, sur scène comme à l'écran. Les goûts du public évoluant, ce type de divertissement fut mis de côté, sans jamais disparaître tout à fait. De nouveaux **spectacles de chant et de danse**, et des versions modernes de vieux succès, continuent à enchanter toutes les générations.

▲ ***Oklahoma !* (1943)** L'action se déroule dans l'Amérique du Midwest, au début du XXe siècle, sur fond de rivalité entre deux clans, les fermiers et les cow-boys. La première à Broadway d'*Oklahoma !* de Rodgers et Hammerstein remporta un franc succès. Agnes De Mille, pionnière des sujets ayant pour cadre l'Amérique, en était la chorégraphe. La scène du fermier et du cow-boy (voir ci-dessus, dans le film de 1955), un numéro de danse enlevé, se termine en bataille rangée.

▶ ***Un Américain à Paris* (1951)** Ce film, inspiré de l'œuvre de George Gershwin du même nom, donne la vedette à deux excellents danseurs, Gene Kelly, qui incarne un artiste sans le sou, et Leslie Caron, qui tient le rôle de la femme qu'il aime. Gene Kelly a chorégraphié les numéros dansés sur la musique de Gershwin.

▶ ***West Side Story* (1957)** C'est l'histoire de *Roméo et Juliette* (voir p. 76-77) transposée à New York, où deux gangs rivaux, les *Jets* et les *Sharks* s'affrontent. La musique de Leonard Bernstein et la chorégraphie de Jerome Robbins en firent un succès de scène. Dans le film de 1961, à droite, la danseuse Rita Moreno, qui joue Anita, une *Shark*, mène le numéro *America*, un classique.

◀ ***Hello Dolly !* (1964)** Dolly, une veuve qui a passé sa vie à rapprocher des êtres en espérant qu'ils tombent amoureux, entend bien se trouver aussi un mari. Spectacle sur Broadway, *Hello Dolly !* devint un film en 1969. Les paroles et la musique de cette comédie légère sont de Jerry Herman. Le numéro de danse sur la chanson *Hello Dolly !* – le clou du spectacle – est interprété ici par Barbra Streisand, la star du film.

▼ ***Top Hat* (1935)** fut le plus célèbre film unissant les fameux partenaires de danse Fred Astaire et Ginger Rogers. Le décor vénitien se prête aux habits et aux hôtels de luxe, tandis que le couple vedette danse avec élégance sur une musique d'Irving Berlin et tente de démêler des quiproquos et des relations amoureuses difficiles. Dans le tournage du numéro *Joue contre joue* ci-dessous, la belle robe de Ginger Rogers laissa quelques plumes d'autruche sur le costume de Fred Astaire...

▲ ***Chorus Line* (1975)** Au cours d'une audition pour une comédie musicale à Broadway, des danseurs se livrent tour à tour à des confidences personnelles. À la fin du spectacle, les quelques heureux élus réalisent un numéro bien rodé (ci-dessus). Chorégraphié pour Broadway par Michael Bennett sur une musique de Marvin Hamlisch, *Chorus Line* parut au cinéma en 1985.

▼ ***Cats* (1981)** Basé sur une série de poèmes amusants que T. S. Eliot écrivit sur les chats, cette comédie obtint un succès inattendu. Avec ses danses fascinantes, ses costumes extraordinaires et ses nombreux personnages de chats, ce spectacle a mérité sa place dans l'histoire des comédies musicales. Andrew Lloyd Weber écrivit la partition et Gillian Lynne créa les danses.

Chantons *sous la pluie*

Affiche de *Chantons sous la pluie*, 1952.

Le film, sorti en 1952, présente certains des **numéros de danse favoris de l'histoire de la comédie musicale**. Quelques chansons furent empruntées à des films et à des spectacles déjà existants et l'intrigue a été créée autour des parties musicales.

L'histoire... Don Lockwood (Gene Kelly) est une star du cinéma muet qui tourne le film *The Duelling Cavalier*. Pour la publicité du film, son studio, Monumental, veut que naisse une véritable histoire d'amour entre Don et l'actrice principale, Lina Lamont (Jean Hagen). Mais quand un studio concurrent sort son premier film parlant, Monumental n'a pas d'autre choix que d'adapter son film au parlant. Or, si la voix de Don convient, celle de Lina s'avère désagréable. Avec l'aide de son meilleur ami, Cosmo Brown (Donald O'Connor), Don essaie de remplacer Lina par une talentueuse danseuse de revue, Kathy Seldon (Debbie Reynolds), qu'il trouve à son goût. Leur histoire d'amour naissante, le changement de casting et la transformation du film muet en parlant alimentent l'intrigue et fournissent un cadre parfait à des numéros de chansons et de danses réussis.

Le numéro *Make 'Em Laugh* (*« Faites-les rire »*), dansé par Cosmo, est un des grands moments du film. Au cours de ses acrobaties burlesques, Cosmo court jusqu'en haut d'un mur et fait un saut périlleux arrière. Après le tournage de la scène et de multiples prises, O'Connor, épuisé, resta alité pendant plusieurs jours. Par malchance, les rushes originaux furent accidentellement détruits, et O'Connor dut tout recommencer !

Good Mornin', la scène principale de Debbie Reynolds.

Cyd Charisse et Gene Kelly dans *Broadway Melody*.

Pépinière de stars
Chantons sous la pluie fit non seulement de Debbie Reynolds une star, mais lança également la carrière de Cyd Charisse, partenaire choisie par Gene Kelly pour le numéro final, *Broadway Melody*.

Au commencement...

Une chanson connue
Populaire dès la fin des années 1920, la chanson *Singin' in the Rain* ne fut pas créée spécialement pour le film. Arthur Freed, producteur des studios de la MGM, en écrivit les paroles et Nacio Herb Brown en composa la musique. Ils avaient déjà collaboré sur des chansons à succès pour de nombreux films. *Singin' in the Rain* apparaît dans pas moins de six films différents.

Membres de l'équipe du film *Hollywood Revue* (1929), dans lequel la chanson *Singin' in the Rain* fit ses débuts.

Histoire d'Hollywood
L'intrigue réaliste du film *Chantons sous la pluie (Singin' in the Rain)* raconte comment Hollywood est passé du muet au parlant, en se basant sur des personnages ayant existé. Le couple qui écrivit le scénario pensa sans doute à l'ancien propriétaire de leur maison, une ancienne star du muet qui perdit son travail, sa fortune et sa popularité à l'avènement du cinéma parlant.

Quel talent !
Acteur, chanteur et danseur aux talents multiples, Gene Kelly, star de *Chantons sous la pluie*, participa à la réalisation du film et en créa la chorégraphie. Le chanteur et danseur de music-hall Donald O'Connor et la jeune Debbie Reynolds, 19 ans, qui faisait ses débuts partageaient l'affiche avec Kelly.

Gene Kelly et Debbie Reynolds dans une publicité pour le film.

Il pleut, il pleut, bergère

La danse de Gene Kelly dans des flaques d'eau est le moment clé du film. Des étoiles plein les yeux, ému d'avoir embrassé Kathy, il sort son parapluie sur le chemin du retour, et se laisse emporter par sa chanson, *Singin' in the Rain*. Le jour du tournage de la scène, l'acteur était malade et fiévreux, et les jets d'eau le trempèrent jusqu'aux os...

Pour qu'elle se voie mieux, l'eau « de pluie » était mélangée à du lait.

Sur les planches

En 1983, *Chantons sous la pluie* sortit à West End, le quartier des théâtres de Londres, et deux ans plus tard à Broadway, à New York. De nouveaux spectacles voient régulièrement le jour, avec la même intrigue et les mêmes chansons que dans le film, notamment *Good Morning, Make 'Em Laugh, Broadway Melody* et le légendaire *Singin' in the Rain*, au milieu de quelques nouveautés. La chorégraphie, les décors, les acteurs, tout contribue à recréer fidèlement l'atmosphère envoûtante de la version originale sur grand écran.

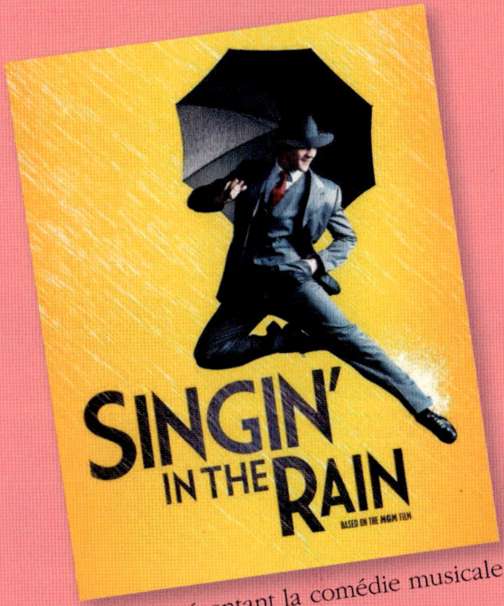

Affiche présentant la comédie musicale sur la scène de West End.

Douches sur scène

Comme dans le film, le clou de la version théâtrale est le numéro *Singin' in the Rain*, dansé au milieu des flaques d'eau et sous une averse : des milliers de litres d'eau tombant du plafond et des effets d'éclairage donnent l'impression que la scène est inondée. Pendant la chanson, l'orchestre et les premiers rangs du public sont régulièrement trempés !

L'équipe de *Chantons sous la pluie* au Palace Theatre de Londres fait son numéro... sous des trombes d'eau !

Bob *Fosse*

« Vivez comme si vous alliez mourir demain… et dansez comme si personne ne regardait. »

Dans le **monde du music-hall et de la danse, sur scène comme au cinéma**, peu de gens ont eu plus d'impact que Bob Fosse. Danseur, acteur, chorégraphe et réalisateur, il créa un style de danse malicieux, divertissant et décontracté, et fut récompensé par trois récompenses majeures la même année.

Biographie

1927 : né à Chicago, dans l'Illinois, il est le fils de l'acteur de music-hall Cyril Fosse.

1950 : apparaît à Broadway pour la première fois dans *Dance Me a Song*.

1954 : chorégraphie *The Pajama Game* à Broadway et, l'année suivante, *Damn Yankees*.

1966 : dirige et chorégraphie *Sweet Charity* pour sa femme Gwen Verdon, alors vedette à Broadway.

1972 : dirige la version filmée de la comédie *Cabaret*.

1973 : reçoit trois récompenses : l'oscar du meilleur film pour *Cabaret*, le Tony Award de la meilleure comédie musicale pour *Pippin* et l'Emmy Award de la meilleure comédie musicale pour *Liza avec un Z*, consacré à Liza Minnelli.

1975 : chorégraphie sur scène la comédie musicale révolutionnaire *Chicago*, dont les héros sont des gangsters.

1979 : écrit, dirige et chorégraphie *All That Jazz*, un film largement autobiographique.

1987 : meurt à Washington.

Influences

Un frère de Fred
La première influence de Bob Fosse et le héros qu'il admira toute sa vie fut le danseur et acteur Fred Astaire. À l'instar de son idole, Fosse déménagea à New York. Il s'inspira de son style décontracté et de ses mouvements fluides, et, comme Astaire, utilisa des accessoires (chaises, chapeaux) dans ses derniers spectacles.

Bob Fosse et Carol Haney dans *Embrasse-moi, chérie*.

En guise d'échauffement…

Bob Fosse commença par réaliser un numéro dans un night-club local, avec des danseuses tenant des éventails en plumes d'autruche. En 1945, il entra dans la Marine américaine pour divertir les troupes. Puis il déménagea à New York et apparut à Broadway dans une revue (spectacle de variétés), *Dance Me a Song*. Peu après, il tenta sa chance à Hollywood et, en 1953, obtint un petit rôle dans le film *Embrasse-moi, chérie (Kiss Me, Kate)*.

Premiers pas

En 1954, Fosse chorégraphia *The Pajama Game*, mettant en scène une querelle d'ouvriers dans une usine, qui remporta un grand succès à Broadway. Il gagna ensuite plusieurs prix pour *Damn Yankees*, sur le baseball. Il y rencontra Gwen Verdon, sa partenaire de danse, qu'il épousa et qui lui inspira deux succès à Broadway : *Redhead* et *Sweet Charity*. *Pique-nique en pyjama (The Pajama Game)*, *Damn Yankees* et *Sweet Charity* furent des succès au cinéma.

Affiche pour le film *Sweet Charity*, 1968.

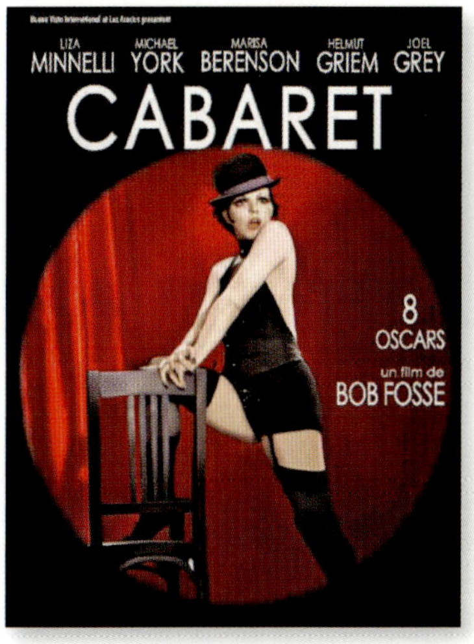

Liza Minnelli prend la pose sur cette affiche du film *Cabaret*, en 1972.

La vie : un cabaret !

L'œuvre de Fosse préférée du public est sans doute le film *Cabaret* paru en 1972, adapté d'un spectacle de Broadway. L'histoire se passe à Berlin dans les années 1930, à l'époque de la montée du nazisme. Fosse réalisa le film et en fut le chorégraphe. Il modifia le spectacle original et resitua la plupart des numéros originaux dans un night-club, dont la vedette est la chanteuse débordante de vie, Sally Bowles (Liza Minnelli).

Un danseur innovant

En général, les danseurs se tiennent droits, le ventre plat, les épaules basses et les pieds tournés vers l'extérieur, mais pas Bob Fosse : il dansait les hanches en avant, les épaules arrondies, les bras ballants, les genoux pliés et légèrement tournés vers l'intérieur. Pour cacher sa calvitie naissante et ses mains qu'il n'aimait pas, il portait des chapeaux et des gants. Il a clairement influencé de jeunes danseurs comme Michael Jackson (voir p. 134-135).

Le style de Bob Fosse.

Typiquement Fosse

Le spectacle qui reflète le mieux le style de Fosse est *Chicago*. Situé dans les années 1920, il relate l'histoire de deux meurtrières incarcérées qui se battent pour devenir célèbres. Fosse chorégraphie ce spectacle en 1975 sur un décor semi-réaliste, avec un éclairage original. *Chicago* met en avant le travail de Fosse mais c'est *All That Jazz*, qu'il écrit, réalise et chorégraphie en 1979, qui raconte sa vie, à peine déguisée.

Le salut jazzy est une caractéristique de Fosse.

L'équipe londonienne de *Chicago*.

La magie de **Bollywood**

En référence à Hollywood, Bollywood désigne l'industrie cinématographique basée à Bombay (devenu Mumbai), en Inde. Les films de Bollywood sont en principe des comédies musicales : **des numéros de danse et de chant spectaculaires** se fondent dans l'intrigue.

▲***Kashmir ki Kali* (1964)** Dans la chanson *Tarif Karun Kya Uski*, Shammi Kapoor danse et tape des mains dans une *shikara* (bateau) sur le lac Dal, dans le Cachemire. Kapoor a été surnommé l'« Elvis Presley indien » pour son style animé et entraînant.

▶***Dil Se* (1998)** La chanson *Chaiyya Chaiyya* a la particularité d'avoir été entièrement filmée sur le toit d'un train en marche, à Ooty, dans le Tamil Nadu, sur une musique de A. R. Rahman, compositeur oscarisé. Elle est interprétée par la superstar Skah Rukh Khan et l'actrice Malaika Arora. Les mouvements s'inspirent de danses folkloriques indiennes.

▶ *La Famille indienne* (2001) Le séduisant Hrithik Roshan, considéré comme un des meilleurs danseurs de Bollywood, interprète la chanson *Deewana Hai Dekko* et danse dans un style énergique et bondissant. Ci-contre, Roshan et sa troupe de danseurs au British Museum de Londres ; c'était la première fois qu'une séquence y était tournée.

◀ *Devdas* (2002) Une des meilleures danses *mujra* (de courtisane) de l'histoire du cinéma indien est l'exquise interprétation de *Maar Dala* par Madhuri Dixit. Avec ses mouvements de hanches *(thumkas)* sur un rythme classique, elle s'inspire des gracieuses danses indiennes. Sur une chorégraphie du légendaire Saroj Khan, l'interprète est mise en valeur par un fond de scène luxueux, l'un des décors les plus coûteux et les plus grandioses de l'histoire de Bollywood.

◀ *Om Shanti Om* (2007) Dans la chanson *Dhoom Tana*, Deepika Padukone charme le public avec sa gestuelle classique, basée sur des mouvements des mains *(hasta mudras)*. Les bras qui l'entourent sont ceux de danseuses en rang derrière elle.

▲ *Tees Mahr Khan* (2010) L'actrice Katrina Kaif effectue un numéro de danse virevoltant, *Sheila ki Jawani*, dans le film *Tees Maar Khan*. Entraînée par une experte de la danse du ventre, elle associe des mouvements de danse arabe et contemporaine.

▶ *La Fabuleuse Histoire de Bollywood* (2010) Cette spectaculaire comédie musicale australienne retrace l'histoire de l'industrie cinématographique hindie. Sur une chorégraphie de Vaibhavi Merchant, une troupe vêtue de costumes traditionnels colorés interprète avec entrain un assortiment de danses occidentales et indiennes.

Pas de **Bollywood**

Très appréciées du public, les séquences de chant et de danse font partie intégrante des films de Bollywood. **Les chorégraphies de chansons populaires** sont largement reprises lors de mariages, de festivals et autres événements.

« Le chant et le sourire donnent encore plus d'énergie à notre danse. »
Shrina, Nikita, Natasha

Influences

Les premiers films de Bollywood s'inspiraient largement des danses indiennes folkloriques et classiques. Même si les danses sont aujourd'hui modernes, des influences variées entrent en jeu.

La danse traditionnellement utilisée à Bollywood mime les paroles des chansons, qui font partie de l'intrigue du film, souvent une histoire d'amour et de mariage (voir à droite).

Il est important d'établir un contact visuel avec le public.

Dans les premiers films de Bollywood, les gestes s'inspirent de la danse classique du sud de l'Inde, notamment du *bharatanatyam*, aux poses et gestes de mains ravissants.

▼ Tous ensemble
Les numéros de danse de Bollywood sont souvent exécutés en groupe : les danseurs s'entraînent pour synchroniser leurs mouvements.

À l'origine, la danse *kathak* classique se dansait dans l'Uttar Pradesh, un État du nord de l'Inde. Elle exige des mouvements de pieds et de mains complexes.

L'influence de la danse arabe du Moyen-Orient sur les spectacles de Bollywood est récente. Ses mouvements vibratoires rapides, comme pour la danse du ventre, demandent beaucoup d'énergie.

Les danses issues du folklore indien sont exécutées au cours de festivals et de célébrations. La *dandiya* est dansée avec des bâtons *(dandiyas)* lors des fêtes de l'État du Gujarat, dans l'ouest de l'Inde.

Le *bhangra* est dansé lors des fêtes traditionnelles du Pendjab, au rythme du tambour *dohol.* Il exige des sauts et d'énergiques levés de jambes et de bras.

Les détails qui comptent...

Les expressions faciales

Les danseurs de Bollywood doivent être aussi de bons acteurs. Les paroles des chansons font souvent partie de l'intrigue : histoire d'amour, mariage, célébration d'un événement ou fête... Les émotions – bonheur, joie, timidité, tristesse... – doivent pouvoir se lire sur le visage des danseurs. Beaucoup de danses évoquent le mariage et les préparatifs de la mariée, qui se maquille et se pare de bijoux.

Les bracelets métalliques.

La future mariée se montre timide.

Les gestes des mains

Les gestes des mains sont des détails importants qui rendent la danse plus expressive. Les danseurs de Bollywood doivent s'entraîner pour s'assurer que leurs doigts et leurs bras sont dans la bonne position à tout moment.

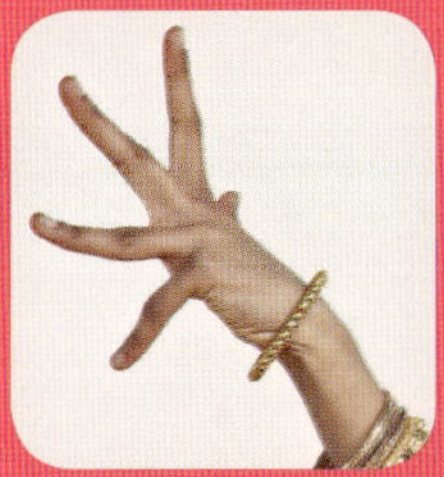
Doigts tendus, écartés.

Mains en vis-à-vis.

Pouce et doigts pincés.

Bras levé, coude plié.

Rêves d'ados

Dans les années 1950, la société occidentale découvre l'existence des adolescents, qui jusque-là étaient considérés comme des adultes inachevés, sans goûts ni opinions particuliers. Mais le rock 'n' roll est arrivé, et **la culture des jeunes est née**. Depuis les années 1970, nombre de films et de spectacles racontent l'histoire de jeunes gens qui se découvrent une identité par le biais de la musique et de la danse.

▲ ***Grease*** L'action de la toute première comédie musicale pour adolescents se situe dans les années 1950. John Travolta et sa bande des *T-Birds* chantent *Greased Lightning*. C'est l'histoire d'un couple dont les amours de vacances sont menacées par la rentrée des classes.

▲ ***Dirty Dancing***
En vacances avec sa famille à la montagne, Frances (« Baby ») tombe amoureuse d'un professeur de danse. Ci-dessus, dans les rôles principaux, Patrick Swayze et Jennifer Grey font une démonstration de danse de salon.

▶ ***Hairspray***
Tracy (Nikki Blonsky, à droite) danse pour combattre les préjugés dont elle est victime à cause de son poids et dont ses amis noirs font aussi les frais. Ce film, dont l'action se situe dans les années 1960, reflète les attitudes de cette époque.

▶ ***Fame*** Ce film raconte la vie de lycéens dans une école new-yorkaise d'arts de la scène. Les jeunes danseurs ci-contre dansent sur la chanson-titre d'une manière déjantée. Ils découvrent que « la gloire *(fame)* a un prix » et que « c'est ici qu'il faut commencer à payer ».

▲ ***Flashdance*** Alex (Jennifer Beals) travaille comme soudeuse dans une aciérie, mais danse la nuit dans un bar et rêve d'être acceptée dans une célèbre école de danse. Le film raconte sa dure existence et sa victoire finale.

▶ ***Footloose*** Dans la petite ville de Bomont, dans les montagnes Rocheuses, il est défendu de danser. Un nouveau venu, Ren (Kevin Bacon), se lie d'amitié avec Ariel, une autochtone à la forte personnalité ; ils vont unir leurs efforts pour que l'interdiction soit levée et que leur lycée organise une fête de fin d'année.

◀ ***Billy Elliot*** L'action de ce film se situe dans le nord de l'Angleterre, lors d'une grève de mineurs. Un garçon entre par erreur dans un cours de danse classique. Il se découvre un talent caché et rêve en secret de devenir danseur. Dans la version scénique ci-contre, Billy est joué par Liam Mower.

High School *Musical*

Première rencontre.

Cette histoire sympathique d'un groupe de jeunes est remplie de stars attachantes, de danses et de chansons attrayantes et d'encouragements à **réaliser ses rêves**. *High School Musical* a remporté des records d'audience dans le monde entier.

L'histoire...

Troy, le meilleur basketteur de son école, et Gabriella se rencontrent lors d'un karaoké. Ils trouvent que leurs voix s'accordent bien et échangent leurs numéros. De retour chez lui, Troy découvre que Gabriella a emménagé dans sa ville et qu'elle est inscrite dans son lycée. Tous deux désirent passer l'audition pour la comédie musicale de l'école. Mais ils doivent lutter contre l'ambitieuse Sharpay et leurs camarades qui craignent que leur attrait pour la musique et leur attirance réciproque ne les éloignent de leurs amis et de leurs centres d'intérêt. Mais Troy et Gabriella se serrent les coudes, obtiennent des rôles dans le spectacle, et tout est bien qui finit bien.

Au commencement...

Le téléfilm

Diffusé à la télé en 2006 sur Disney Channel, le premier *High School Musical* a été vu par 7,7 millions de téléspectateurs, un record d'audience pour les films de la chaîne cette année-là. L'histoire se passe dans une école fictive d'Albuquerque, au Nouveau-Mexique, mais a surtout été tournée dans un lycée de Salt Lake City, dans l'Utah.

La bande-son

Une équipe de 12 personnes a écrit la musique du film. L'année de la sortie au cinéma, la bande-son a fait les meilleures ventes aux États-Unis.

L'arbre généalogique

À l'origine, l'intrigue de *High School Musical* a été écrite pour le film *Grease 3* (voir p. 116-117). Troy et Gabriella auraient dû être les enfants de Sandy et Danny, et Sharpay, la fille de Betty Rizzo.

Une industrie prospère

La série *High School Musical* est devenue célèbre dans le monde entier. Elle a donné lieu à des remakes argentins et brésiliens, à une tournée de concerts, à un spectacle sur scène (voir à droite), à une tournée de patinage sur glace et à une série de télé-réalité. Des T-shirts, des livres, des jeux vidéo, des posters et même des cartes à jouer portent son nom...

Les cartes à jouer *High School Musical.*

Get'cha Head in the Game.

Bouger avec grâce

Dans un des numéros les plus impressionnants du film, *Get'cha Head in the Game*, Troy et l'équipe de basket-ball des *Wildcats* chantent les vertus de la concentration, tout en courant et en dribblant sur le terrain. Leurs mouvements se changent peu à peu en pas de danse, et la séance d'entraînement devient une chorégraphie bien ordonnée, admirable de contrôle, de coordination et d'esprit d'équipe. Avant le début du film, tous les acteurs ont dû suivre des cours de danse intensifs et les garçons, un entraînement de basket-ball en plus.

L'homme derrière la scène

High School Musical a été chorégraphié et réalisé par Kenny Ortega, qui a travaillé sur la vidéo de Madonna *Material Girl* en 1985 et qui a créé la chorégraphie de *Dirty Dancing* (voir p. 116). Dans les années 1990, il a collaboré avec Michael Jackson (voir p. 134-135) sur les tournées *Dangerous* et *HIStory* et travaillait sur son projet de retour à la scène *This is it* lorsque le chanteur est mort. Impliqué dès le début dans le projet de *High School Musical*, il est à l'origine des suites du film.

Les stars de *High School Musical*.

Les suites de *High School Musical*

High School Musical 2

Grâce au succès de *High School Musical*, deux suites ont vu le jour, avec les mêmes acteurs principaux. En 2007, *High School Musical 2* a fait encore plus d'entrées que le premier. Dans l'histoire, Troy, Gabriella, leurs amis et les *Wildcats* préparent un spectacle d'été. Sharpay tente de mettre le grappin sur Troy et de couler ses rivales, mais tout finit bien.

High School Musical 3.

High School Musical 3

Le troisième volet *(High School Musical 3 : Senior Year)* est sorti en 2008 au cinéma, faisant dès les premiers jours un record absolu d'entrées. Les lycéens de l'histoire montent un projet pour fêter la fin de leur année de terminale et se demandent ce qu'ils feront une fois l'école finie.

Sur scène

La version scénique est fidèle au film. Elle est sortie à Broadway, à New York, dans le West End londonien et le monde entier. Des lycéens en montent régulièrement des versions amateurs dans le cadre de l'école.

High School Musical sur la scène londonienne.

Breakdance **et danse de rue**

De nouveaux styles de danse inspirés **du disco, du funk et du hip-hop** sont nés dans la rue et les night-clubs américains. Grâce à des stars comme Michael Jackson, la danse de rue est devenue un phénomène mondial.

Le breakdance

Le hip-hop, avec son **propre style de danse** et d'acrobatiques et spectaculaires numéros improvisés, est apparu dans les rues du Bronx, à New York, au cours des années 1970. Le breakdance, né sur le trottoir et dans les fêtes de quartier, a aujourd'hui conquis le monde entier.

Comment tout a commencé...

La musique disco
Au milieu des années 1970, le disco a commencé à disputer au rock 'n' roll la tête du hit-parade et à le défier sur son propre terrain. Les night-clubs des deux côtés de l'Atlantique étaient remplis de divas du disco dansant sur le mélange funk, latino et soul propre à ce style.

James Brown
Le succès de *Get on the Good Foot* du chanteur funk et soul James Brown a donné naissance à une nouvelle danse, *The Good Foot*, qui à son tour a influencé de nombreux « breakers » (voir ci-dessous) débutants.

James Brown.

Kool Herc
Inventeur de la technique du *breakbeat* au début des années 1970, le DJ Kool Herc se servait de deux platines pour allonger la partie instrumentale des disques lors de fêtes de quartier du Bronx, et permettre aux danseurs de faire des numéros plus longs.

Le b de « b-boy »
Les danseurs de hip-hop du Bronx et de Brooklyn se déchaînaient lors du *break*, la partie instrumentale d'une chanson, improvisant chacun à leur façon. On les a appelés les « breakers », « breakboys » et « breakgirls » ou « b-boys » et « b-girls ».

Le style b-boy
Pendant les « défis » de breakdance, il y a les figures de sol *(toprock* ou *floorwork)*, debout *(uprock)*, les phases *(power moves*, mouvements acrobatiques*)* et les statiques *(freezes)* effectuées par des danseurs seuls ou en groupe (voir p. 132-133).

Les *funkstyles*
Pendant ce temps, en Californie, les Lockers et les Electric Boogaloos inventaient les *funkstyles* du locking et du popping. Ces deux styles apparaissent dans la légendaire émission télévisée *Soul Train* au cours des années 1970, ce qui a contribué à étendre leur popularité.

Danseurs de *Soul Train*.

La naissance de MTV
1981 : naissance de MTV *(Music Television)*. Aussitôt propulsée tribune pour la danse de rue, la chaîne passe des « films de 3 minutes » pour en promouvoir la musique. En 1983, MTV diffuse la vidéo de 14 minutes de Michael Jackson, *Thriller*, succès international qui marque un tournant dans l'histoire des clips vidéo. Dans les années 1980 et 1990, ces derniers s'ouvrent à un large éventail de styles de danses de rue, rendant MTV encore plus populaire et contribuant à diffuser ces styles dans le monde entier.

Wild Style
En 1983, la danse de rue apparaît dans deux films : *Wild Style*, qui a pour thème la culture et la danse hip-hop, et *Flashdance*, premier film hollywoodien à représenter le breakdance. Crazy Legs et Mr Wiggles, du Rock Steady Crew, apparaissent tous deux dans le film comme danseurs.

Le défi de l'année
En 1990, l'Allemagne organise la *Battle of the Year* (« Défi de l'année »), une des premières compétitions de danse de rue, suivie par les *B-Boy Summit* et *Freestyle Session* aux États-Unis, les championnats de b-boying au Royaume-Uni, *The Notorious IBE* en Hollande, *Juste debout* en France et *R16 Korea* en Corée du Sud.

Tommy le clown
Au début des années 1990, Thomas Johnson crée le *clowning* (voir p. 131), dansé sur du hip-hop. Ce style initie un autre genre, plus brut, le *krumping*.

Compétitions télévisées
Les compétitions télévisées comme celles de l'émission américaine *So You Think You Can Dance*, diffusée dans 22 pays, ont fait connaître la danse hip-hop à un public élargi. En 2008, Randy Jackson lance l'émission *America's Best Dance Crew* sur MTV, qui rend célèbres des groupes tels que Jabbawockeez et Quest Crew. En France, les danseurs de rue Salah et B-Boy Junior gagnent le prix de l'émission *Incroyable talent*. Au Royaume-Uni, George Sampson et le groupe Diversity remportent la première place de *Britain's Got Talent*.

In the house
En 2007, le festival *House Dance International* est créé à New York en l'honneur de la *house*, du *waacking*, du *voguing* et d'autres styles de danse inspirés par la musique *house* et électronique des années 1970 à New York et Chicago.

Rize, le film
Deux documentaires spectaculaires sur la danse de rue sortent dans les années 2000. En 2005, le film *Rize* de David LaChapelle retrace l'histoire du *clowning* et du *krumping*, et, en 2007, *Planet B-Boy* raconte celle du breakdance.

Rowen Hawkins.

Le breakdance au cinéma

De nombreux films des années 2000 ont pour thème la danse de rue : les deux *Save the Last Dance* (2001 et 2006), les deux *Honey* (2003 et 2011), *You Got Served* (2004) et *You Got Served : Beat the World* (2011), la série des *Step Up* (2006, 2008, 2010, 2012), les deux *Street Dance* en 3 D (2010 et 2012)… Sur Internet, Jon M. Chu crée la série *The Legion of Extraordinary Dancers*, aussi appelée *The LXD*. C'est la lutte du bien contre le mal, le talent individuel de chaque danseur devenant son superpouvoir dans ce combat. *The LXD* met en avant quelques-uns des danseurs les plus talentueux au monde.

La série en ligne *LXD*.

De la rue à la scène
Depuis 40 ans, la danse de rue s'est émancipée de l'improvisation de ses débuts et s'est intégrée à des spectacles chorégraphiés. En 2008, le premier spectacle scénique de hip-hop à Londres, *Into the Hoods*, est le show dansé qui a tenu l'affiche le plus longtemps dans toute l'histoire du West End. Le succès de ce conte de fées urbain, créé par la compagnie ZooNation, a révélé la popularité des spectacles de danse scénique.

Into the Hoods.

La fièvre disco

Dans les années 1970, un nouveau style de musique de danse, le disco, apparaît dans les villes américaines, comme New York ou Philadelphie. Avec ses parties vocales entraînantes et son rythme marqué, le disco **donne envie de se lever et de danser**, et stimule la multiplication des « discothèques » à travers le monde.

Pas de *hustle*.

Le son disco

D'origine funk, soul et latino, le disco profite aussi de l'évolution technologique et électronique. Instruments à cordes, à vent et claviers fournissent aux chanteurs, en solo ou en groupe, l'accompagnement musical. Parmi les meilleurs artistes de disco des années 1970, on compte Donna Summer (la « reine du disco »), les Bee Gees, Gloria Gaynor, Chic et les frères Jackson (d'abord connus comme les Jackson 5).

Le groupe de disco Chic.

Gloria Gaynor.

Le *hustle*

Influencé par la danse swing et les styles latinos de la samba et du cha-cha-cha des années 1950, le disco se danse en solo, à deux ou en groupe comme le populaire *hustle*, sorte de danse en ligne simplifiée (voir p. 50-51). Il s'agit d'une combinaison de pas répétés, avec un léger changement de direction.

Disco inferno

À la fin des années 1970, la plupart des villes ont une discothèque, aux lumières clignotant en cadence, aux murs sombres ou dotés de miroirs, aux boules à facettes étincelantes, à l'air rempli de fumée blanche artificielle. Des DJ spécialisés font des arrangements musicaux en continu et les clients dansent toute la nuit, les femmes en robes légères et talons hauts, les hommes, en pantalons moulants et chemises brillantes ouvertes sur un médaillon.

Disco du vendredi soir au *Studio 54*, à New York.

La fièvre du samedi soir

Le film *La Fièvre du samedi soir* a rendu le disco célèbre dans le monde entier, en 1977. Tony Manero (joué par John Travolta) habite dans un quartier pauvre, travaille sans enthousiasme dans un magasin de peinture et n'est pas heureux chez lui. Mais il reprend vie tous les samedis soir, à la discothèque locale, *2001 Odyssey*, où son talent de danseur fait de lui une star. Le film a rapporté des millions, et la bande-son de l'album des Bee Gees a été l'un des plus grands hits de tous les temps, avec des chansons comme *Stayin' Alive*, *Jive Talkin*, *Night Fever* et *Disco Inferno*, des tubes qui perdurent dans la mémoire collective.

Les styles funk **et** *le breakdance*

Dans les années 1970, **la danse « explose » dans les rues** des États-Unis, mais avec deux styles bien différents : sur la côte ouest, en Californie, les Lockers et les Electric Boogaloos inventent le popping et le locking (styles funk) ; sur la côte est, domine le groupe Rock Steady avec le b-boying.

Popin' Pete des Electric Boogaloos.

La musique funk

Le funk s'est développé au milieu des années 1960. Mélange de soul, de jazz et de R'n'B, il est créé par des musiciens afro-américains. Il a un « groove » (base rythmique) spécial, produit par la basse électrique et la batterie. James Brown en est un des initiateurs, suivi par d'autres artistes tels que Prince, qui y impriment leur marque. Afrika Bambaataa innove en 1982 avec l'électro-funk, à l'aide d'un synthétiseur. Ces nouveaux sons s'accompagnent bientôt de nouveaux styles de danse.

La musique de Prince, à ses débuts, mêle le disco et le funk.

Le popping et le locking

On confond souvent le popping et le locking, deux styles funk en fait très différents. Dans le popping, les muscles, qui semblent exploser ou « surgir » de la peau, sont contractés et relâchés rapidement. Le tutting ou tetris, le strobing, le ticking, le dime-stopping, le waving et le boogaloo électrique en sont des variantes. Le locking, appelé « Campbellocking » à l'origine, d'après son créateur, Don Campbell, combine des mouvements courts et précis avec des pauses (locks), le tout en synchronisation avec la musique.

Le chanteur Kid Creole en costume zoot.

Les modes funky

Les modes vestimentaires des lockers et des poppers ont varié au fil des ans. Les lockers, souvent d'une élégance remarquable, portaient des costumes zoot et des chaussures rétro en simili-croco, ou encore des T-shirts et des bermudas bouffants, des chaussettes rayées, des gants blancs et des casquettes souples.

Grandmaster Flash à ses platines.

Du disco et du funk au breakbeat

Au début des années 1970, à New York, dans le Bronx, le DJ Kool Herc innove en utilisant deux exemplaires d'un même disque (le plus souvent des morceaux funk ou disco) sur deux platines en alternance, afin de prolonger le break, passage instrumental percussif. Herc parle de façon rythmée par-dessus la musique, un des premiers exemples de rap. La technique du breakbeat est ensuite popularisée par Afrika Bambaataa et Grandmaster Flash.

B-boys et b-girls

Un « breaker » danse sur le rythme du break (passage instrumental). On l'appelle aussi b-boy ou b-girl. Ce style de danse a vu le jour dans le Bronx et à Brooklyn, deux quartiers de New York, à la fin des années 1970. Les breakers utilisent des mouvements debout *(uprock)*, au sol *(toprock* ou *floorwork)*, des phases *(power moves)* et des suicides (sauts dangereux) lors de compétitions en solo, en duo ou en groupe.

Démonstration de power move.

Une battle (défi) de b-boy.

Qu'est ce qu'une battle ?

Une « battle » ou défi de danse peut avoir lieu au coin d'une rue, dans une discothèque, ou devant un public, sur scène : les concurrents, individuellement ou en groupe, se font face et montrent tour à tour ce qu'ils savent faire. Tout style peut donner lieu à un défi, b-boying, popping, locking, house, krump ou new style. Le gagnant est élu par un jury ou par le public, à l'applaudimètre.

Le modèle Adidas Superstar des années 1980.

La garde-robe du breaker

Les vêtements des breakers jouent un rôle important dans leur culture. Dans les années 1980, ils portaient des survêtements de sport en Nylon et des tennis à coque (voir ci-dessus). Aujourd'hui, ils privilégient le confort et les baskets légères qui adhèrent.

Street styles

L'étiquette « danse de rue » recouvre un large éventail de styles qui se développent dès les années 1970. **Ces danses naissent dans la rue** – lieux publics, coins de rue – autant que dans les fêtes de quartier et les discothèques. À leurs débuts, il est impossible de les apprendre dans des cours ; ce sont bel et bien des danses qui apparaissent en réaction à la musique de l'époque.

Old style contre new style ?

Le *old style*

Les premières danses issues des discothèques ou de la rue dans les années 1970 ou 1980 relèvent du « *old style* » : il s'agit du locking, du popping, du b-boying, du waacking et du voguing sous leur forme originale, avec les styles et les règles qui leur sont propres. Le hip-hop *old style* est associé aux survêtements en Nylon et aux baskets montantes, semblables à ceux du Rock Steady Crew des années 1980.

Le Rock Steady Crew.

Le *new style*

Si beaucoup de techniques de rue d'origine font partie du *new style*, aucune règle n'est imposée. Le *new style* est une évolution du *old style*, en plus souple et en plus ouvert. Justin Timberlake fait du *new style* dans la plupart de ses clips vidéo.

Justin Timberlake.

La house

Au cours des années 1980, dans des discothèques comme *Warehouse* à Chicago et *The Loft* à New York, la house commence à remplacer la musique disco. Les clients des boîtes de nuit manifestant leur goût pour les rythmes nouveaux et rapides, la house dance apparaît, caractérisée par des pas complexes, rapides et par des mouvements spasmodiques du haut du corps (« jacking »). Elle est influencée par le Lindy hop et par les danses latines et africaines.

Figures de waacking.

Le waacking et le voguing

Ces deux styles apparentés naissent en boîte de nuit dans les années 1970, aux États-Unis, l'un sur la côte est, le waacking, qui se danse sur du disco, l'autre sur la côte ouest, le voguing, qui se danse sur de la house et s'inspire des postures des mannequins du magazine *Vogue*. Tous deux mettent l'accent sur des mouvements de bras rapides et expressifs, souvent au-dessus de la tête, pour créer des figures et prendre des poses. En 1990, le clip vidéo de la chanson de Madonna *Vogue* déclenche un engouement international pour le voguing.

Des danseurs « clown » font leur numéro avec Tommy le Clown dans le documentaire *Rize*.

Le clowning et le krumping

En réalisant des numéros de danse pour des anniversaires d'enfants, Tommy le Clown a créé le style « clowning », un mouvement de danse populaire qui s'est étendu à la rue. Au cours de « battles », ce style a évolué et a donné une variante, le « krumping », une forme plus brute et plus passionnée, qui a été filmée dans plusieurs longs métrages et documentaires, notamment le passionnant *Rize* (voir p. 123).

Lil' C en pleine démonstration de krumping dans le documentaire *Rize*, de David LaChapelle.

Le freestyle

Le freestyle consiste à danser sur de la musique de façon libre et permet de livrer son interprétation personnelle d'un morceau. C'est une forme d'improvisation et d'expression individuelle. Une danse freestyle n'est ni planifiée ni chorégraphiée, elle doit être créée « sur le moment ». Lors des compétitions de danse de rue, la qualité principale est la « musicalité » de l'interprète, qui associe les mouvements au rythme et à la mélodie pour ne plus faire qu'un avec la musique.

Danse de rue freestyle à Paris dans le documentaire *Planet B-Boy*.

Crews *et compagnies*

Apparus en 1970 aux États-Unis, la danse de rue et le hip-hop ont vite essaimé au point de **former une communauté de danse internationale**. Des *crews* (groupes) et des compagnies de *streetdance* et de hip-hop remportent à présent un grand succès dans le monde entier. Les crews, à la différence des compagnies, qui dansent sur scène, dans des films ou à la télévision, organisent des compétitions. En principe, les compagnies ne font pas de « battles », mais il y a des exceptions.

Les Electric Boogaloos.

Jabbawockeez.

Super Cr3w.

Aux États-Unis

Parmi les pionniers du locking (voir p. 126), on compte les Electric Boogaloos et le Rock Steady Crew, qui ont créé le b-boying et le hip-hop. La compagnie Puremovement de Rennie Harris fait entrer le hip-hop au théâtre avec des spectacles primés tels que *Rome and Jewels*, inspiré du *Roméo et Juliette* de Shakespeare. Des crews comme Jabbawockeez, Super Cr3w et Quest Crew connaissent la célébrité en étant primés à l'émission télévisée *America's Best Dance Crew*. La compétition reste féroce lors d'événements de danse de rue tels que le *Battle of the Year*, remporté par les groupes américains Style Elements (1997) et Rock Force (1998), tandis qu'au Royaume-Uni, Methods of Havik (2003) et Endangered Species (2009) gagnent les championnats de b-boying.

Au Royaume-Uni

Le hip-hop est apparu au Royaume-Uni à la fin des années 1970, et de nombreuses compagnies et crews britanniques de talent le dansent aujourd'hui. Le crew britannique *Plague* a gagné deux fois les championnats du monde de hip-hop aux États-Unis. *Breakin' Convention*, un festival international de hip-hop sur scène à Londres, a fait connaître de nombreux groupes et compagnies du Royaume-Uni. En 2007, la compagnie de hip-hop Boy Blue Entertainment a gagné le prix Laurence-Olivier pour son spectacle *Pied Piper* et, en 2008, ZooNation Dance Company a mis en scène *Into the Hoods*. Le danseur George Sampson et les crews Diversity et Flawless se sont fait connaître grâce à l'émission télévisée *Britain's Got Talent*.

ZooNation.

En Europe

En Europe, des crews et compagnies ont atteint un renom international. La compagnie Bounce Street fait des tournées mondiales, avec des spectacles tels que *Bounce* et *Insane in the Brain*. En France, Käfig et Franck II Louise créent des spectacles de hip-hop pour le théâtre. Les crews français Wanted (2001), Vagabonds (2006, 2011) et Pockemon (2003) ont gagné le *Battle of the Year*, les deux derniers ayant aussi remporté les championnats du monde de b-boying du Royaume-Uni (respectivement en 2010 et 2006). Le célèbre crew allemand Flying Steps a remporté le *Battle of the Year* en 2000.

Flawless.

Vagabonds (France).

Flying Steps (Allemagne).

En Russie

On trouve en Russie des fans de breakdance, peu nombreux mais passionnés. Le groupe Top 9, créé en 2001 à Saint-Pétersbourg, est le seul à avoir gagné à la fois les championnats de b-boying et le *Battle of the Year* du Royaume-Uni, en 2008.

Top 9.

En Corée du Sud

Le b-boying est devenu très populaire en Corée du Sud dans les années 1980, surtout par le biais de films et de clips vidéo américains. Des crews coréens tels que Jinjo Crew, Expression, Gamblerz, Last for One et Extreme sont apparus dans les compétitions, créant la surprise et remportant six *Battles of the Year* au cours des dix dernières années. Quatre autres crews, Project Corea, Project Soul, Drifterz et T.I.P., ont également gagné les championnats de b-boying du Royaume-Uni.

Jinjo Crew.

Gamblerz.

Michael **Jackson**

« Les danseurs vont et viennent, la danse, elle, est immortelle. »

Michael Jackson, le roi de la pop, fut le pionnier des clips vidéo sous forme de films courts dotés d'une histoire et **de danses spectaculaires**. Tout au long de sa carrière, ses vidéos et ses spectacles scéniques restent inoubliables. Naturellement doué pour la danse, il a inventé plusieurs pas originaux.

Biographie

1958 : né à Gary, en Indiana, aux États-Unis, il est le septième de neuf enfants.

1965 : Michael et Marlon se joignent à leurs frères, Jackie, Tito et Jermaine, dans le groupe des Jackson 5.

Les Jackson 5 sur scène dans les années 1970.

1971 : Michael commence sa carrière solo avec le tube *Got To Be There*.

1982 : sortie de l'album *Thriller*, qui fait les plus grosses ventes de tous les temps, suivi de plusieurs clips vidéo spectaculaires.

1984 : une étoile est gravée au nom de Michael Jackson sur le *Walk of Fame* de Hollywood Boulevard.

1988 : tournée à guichets fermés dans 15 pays avec l'album *Bad*.

1995 : il danse avec sa sœur Janet dans le clip vidéo *Scream*.

2009 : il meurt d'une crise cardiaque à Los Angeles, à l'âge de 51 ans.

2010 : il fait son entrée dans le *Dance Hall of Fame*.

Influences

Du funk aux comédies musicales

Michael disait être influencé par le chanteur et danseur funk James Brown, ainsi que par les danseurs accomplis qu'étaient Fred Astaire et Gene Kelly. Il aimait aussi les comédies musicales classiques comme *West Side Story*.

Michael Jackson et son *moonwalk*.

Le *moonwalk*

Michael Jackson présente le fameux *moonwalk* au public pour la première fois en 1983, en chantant *Billie Jean* lors de l'émission télévisée *Motown 25 : Yesterday, Today, Forever*, en hommage au 25e anniversaire de la compagnie de disques. Ce pas reprend le glissé du popping (voir le style funk, p. 130) et donne l'illusion d'avancer alors qu'on recule.

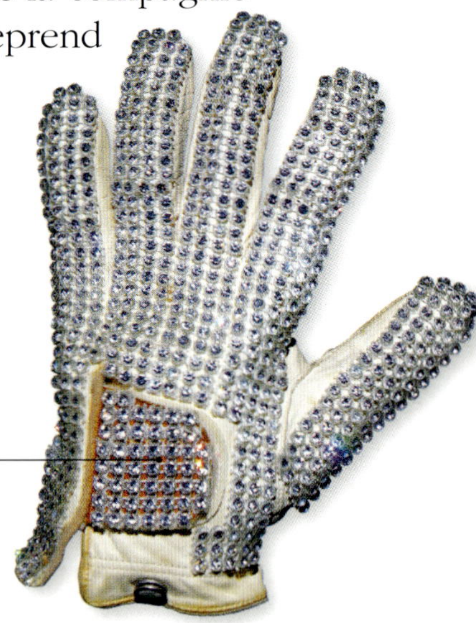

Michael Jackson portait ce gant incrusté de cristaux.

Une scène du clip vidéo *Beat it*.

Beat it

Beat it est l'un des premiers clips vidéo à présenter un groupe important de danseurs dans un numéro synchronisé complexe. L'intrigue semble s'inspirer de *West Side Story* (voir p. 106), un des films préférés de Michael Jackson : à la fin du clip, deux gangs s'affrontent dans une « battle ». Le chorégraphe Michael Peters danse aussi dans ce clip, sorti en 1983.

Scène du clip vidéo *Thriller*.

Thriller

Un garçon raccompagne sa petite amie chez elle. Soudain, il se transforme en vampire à la tête d'un groupe de zombies. C'est l'histoire du clip vidéo *Thriller* (14 minutes), qui marque profondément le public lors de sa sortie, en décembre 1983. La longueur et l'ampleur de la vidéo, ainsi que l'histoire et la chorégraphie stylisée, sont très inhabituelles pour l'époque. Les mouvements de Michael Jackson sont incroyablement précis, et les zombies font aussi des pas de popping et des glissés. Cette danse a été reprise dans le monde entier.

Le roi de la pop.

Costumes des années 1930 dans une scène de *Smooth Criminal*.

Smooth Criminal

L'action et la chorégraphie de *Smooth Criminal* se situent dans les années 1930 et s'inspirent de comédies musicales classiques, comme *Blanches colombes et vilains messieurs*. Le clip vidéo (1988) présente des pas de danse inédits, que Michael reprendra souvent sur scène, y compris dans les tournées internationales *Bad* (1988-1989), *Dangerous* (1992-1993) et *HIStory* (1996-1997). Des chaussures spéciales lui permettent d'effectuer un mouvement défiant la gravité.

Les artistes pop

Si beaucoup de chanteurs savent bouger, seuls les meilleurs danseurs sont à même d'innover sur scène. Les artistes présentés dans ces pages **mêlent avec dynamisme différents styles** et inventent de nouveaux pas pour mettre en valeur leur musique. Leurs mises en scène en live sont spectaculaires et les clips vidéo de leurs chansons époustouflants.

◀ **MC Hammer** a popularisé le pas de danse du « coureur ». Rappeur et artiste de scène, il a atteint le sommet de sa carrière au début des années 1990, avec la sortie de son tube *U Can't Touch This*. Inspiré par James Brown, MC Hammer est connu autant pour sa danse que pour sa musique. Ses shows à grand spectacle font intervenir de nombreux danseurs.

▶ **Janet Jackson** a créé quelques-uns des clips vidéo les plus célèbres de tous les temps, notamment *Nasty* (1986), *Rhythm Nation* (1989) et *Rock with U* (2008). Ses spectacles live sont toujours éblouissants et novateurs, comme par exemple sa tournée *Velvet Rope*, en 1998, inspirée des comédies musicales de Broadway. Des chorégraphies complexes et des costumes spectaculaires mettent en valeur son art du chant et de la danse.

◀ **Will Smith** a commencé sa carrière musicale dans la peau d'un personnage, *The Fresh Prince*, jouant le rôle de MC *(Master of Ceremony)* habillé en danseur hip-hop, aux côtés de DJ Jazzy Jeff et de Clarence Holmes (Ready Rock C). Sa façon de danser sur des clips vidéo tels que *Gettin' Jiggy Wit It* (1998) et *Switch* (2005) est imitée sur les pistes de danse du monde entier.

Madonna sur scène, en 2012, pour le Super Bowl d'Indianapolis, aux États-Unis.

▶ Usher, à 11 ans, chante et danse dans le groupe NuBeginning. En 1991, il participe au spectacle télévisé *Star Search* aux États-Unis et gagne un contrat pour sortir un disque. Son étonnant talent de danseur saute aux yeux sur la vidéo *Pop ya Collar* (2001), où il incarne quatre personnages différents : un ouvrier d'usine sur un tapis roulant, un homme d'affaires dansant sur le toit d'une voiture, un joueur de football fêtant sa victoire en faisant un saut périlleux et un danseur de discothèque.

▼ Justin Timberlake fait partie du club de Mickey Mouse à la télévision au début des années 1990, puis rejoint le groupe 'N Sync en 1995, et entame enfin une carrière en solo. Dans ses spectacles et ses clips vidéo, il danse avec aisance et élégance. En 2002, pour son premier album, *Justified*, et son premier tube, *Like I Love You*, il interprète la chorégraphie décontractée de Marty Kudelka dans le nouveau style de Los Angeles, imité de par le monde.

◀ Madonna étudie la danse à l'université du Michigan, avant de s'installer à New York où elle décroche des jobs de danseuse pour des artistes de variétés. Une fois devenue chanteuse, elle a toujours accordé à la danse un rôle important dans ses vidéos et dans ses spectacles live. Elle a rendu populaires dans le monde entier le voguing (avec son tube *Vogue* de 1990) et le krumping *(Hung Up*, en 2005*)*. Les tournées de Madonna, notamment *Blond Ambition*, et ses apparitions lors d'événements majeurs, tels que les *MTV Music Awards* et le Super Bowl, figurent toujours à l'avant-garde de la danse.

◀ Jennifer Lopez apprend à danser très jeune. Elle danse à Broadway, dans des clips vidéo de rap, et dans la troupe de Janet Jackson. Elle apparaît aussi comme danseuse « volante » dans la série télévisée *In Living Color*. J. Lo, comme on l'appelle à présent, commence sa carrière de chanteuse en 1999, ses clips vidéo et ses spectacles live faisant tout naturellement appel à la danse.

▲ Justin Bieber a signé avec Usher en 2008. Un an plus tard, son premier album, *My World*, se vend à plus d'un million de copies aux États-Unis, au Royaume-Uni et au Canada. Dans sa vidéo de *Somebody to Love*, figurent quelques-uns des meilleurs danseurs de street dance du monde : les Poreotics Crew, The Beat Freaks, The Syrenz, Medea Sirkas et B-boy Fly.

Glossaire

Accessoire : objet (chapeau, parapluie, ou meuble) utilisé dans un spectacle de théâtre ou de danse.

Avant-garde : terme utilisé pour désigner des œuvres d'art innovantes ou expérimentales (y compris en danse).

Ballerine : danseuse classique.

Battles : défis, compétitions de danse entre danseurs de rue, seuls ou en groupe.

B-boys ou b-girls : danseurs de hip-hop qui s'expriment sur la partie instrumentale (ou *break*) d'un morceau. Au départ « breakers », « break girls » ou « break boys », le surnom est à présent abrégé en b-boys et b-girls.

Broadway : l'avenue des théâtres à New York, aux États-Unis, où les plus grands spectacles sont présentés sur scène.

Chorégraphie : ensemble de positions, de pas et de mouvements composant une seule danse ou un spectacle. Les créateurs de chorégraphies sont des chorégraphes.

Cinétographie : système de notation de danse sur partition.

Compositeur : personne qui assemble des notes pour créer un morceau de musique.

Corps de ballet : membres d'une compagnie de ballet (en principe, les plus jeunes) qui dansent en groupe et qui effectuent des pas précis, à l'unisson.

Crew : groupe ou équipe de danseurs de rue, qui organise souvent des « battles » ou compétitions contre d'autres crews.

Danse sociale ou danse de société : danse que l'on pratique à des fins de divertissement pur et non pour un rituel ou pour un spectacle.

Danseur principal ou premier danseur : en danse classique, danseur de premier plan.

Décor : meubles, accessoires et éléments de décoration d'un plateau pour un spectacle. Dans un spectacle de danse, la scène devant être dégagée, le décor occupe l'arrière-plan et les côtés de la scène.

Folk : style de musique, de danse ou de vêtement créé au fil du temps par un groupe de personnes d'un même pays, plutôt que par un seul individu.

Formation : danse de salon groupée dans laquelle tous les couples effectuent les mêmes pas de base, mais se déplacent dans des directions différentes en dessinant sur la piste des lignes et des figures.

Freestyle : danse libre sur une musique que l'on interprète de façon personnelle et improvisée.

Hip-hop : style de musique des années 1970, au rythme marqué, dont le rap peut faire partie. Le hip-hop possède son propre style de danse.

Imprésario : quelqu'un qui organise, et souvent finance, des divertissements en tous genres.

Improviser : inventer une danse au fur et à mesure, au lieu de répéter des pas et des mouvements mémorisés. Les chorégraphies modernes comportent souvent des passages improvisés.

Livret : histoire racontée par un ballet. Dans les comédies musicales et à l'opéra, le terme *livret* désigne toutes les paroles prononcées par les chanteurs et les acteurs. Le livret est écrit par un *librettiste*.

MC : abréviation de *Master of Ceremony* (maître de cérémonie) ou de *microphone controller* en anglais, personne en charge du micro. Le MC rappe sur de la musique hip-hop.

Numéro : séquence de pas chorégraphiée pour un film ou sur scène, en classe ou lors d'un spectacle. Dans un cours de ballet, on emploie plutôt le terme *enchaînement*.

Partition : musique d'un ballet, d'une œuvre de danse contemporaine ou d'une comédie musicale, écrite pour les instruments de l'orchestre.

Pas de deux : danse pour deux personnes. En ballet classique, un pas de deux commence par un passage lent (appelé *adagio*) pour un couple de danseurs, suivi par quatre solos, ou variations (pour homme et pour femme en alternance). Le pas de deux se termine par une *coda*, passage rapide dansé à deux.

Planche chaise (ou invert) : mouvement de breakin' lors duquel le danseur se tient en équilibre sur les bras, la tête en bas et les jambes rabattues vers le corps.

Pointes : dans un ballet, danse sur la pointe des pieds, avec des chaussons rembourrés (appelés « pointes ») spécialement conçus pour permettre cette position et pour protéger les pieds.

Position ou posture : la façon dont les danseurs se tiennent, le maintien.

Prima ballerina : titre donné à une danseuse de tout premier rang au sein d'une compagnie (on dit aussi « première danseuse »).

Promenade : en danse de salon, position d'un couple de danseurs qui se tiennent et regardent dans la même direction, au lieu de se faire face.

Répertoire : ensemble d'œuvres qu'une compagnie de danse ou de théâtre présente régulièrement.

Représentation (ou mise en scène) : organisation spécifique d'un ballet ou d'une comédie musicale, y compris en matière de décor et de costumes.

Reprise : nouvelle représentation (ou interprétation) d'un ballet ou d'une comédie musicale, souvent de nombreuses années après sa sortie initiale.

Rituel : action ayant une fonction religieuse ou solennelle. Dans certaines cultures, les danses rituelles sont importantes.

Rôle de caractère : en danse classique, un rôle qui n'exige aucune technique de ballet. Le danseur ou l'acteur ne porte pas de chaussons spéciaux, et se déplace normalement sur scène, en principe sans danser.

Rôle de travesti : rôle joué par un homme habillé en femme, ou par une femme habillée en homme. Dans *Cendrillon*, les « sœurâtres » sont des rôles de travestis.

Rôle principal : dans un ballet, un travail de danse contemporaine ou une comédie musicale, rôle central, souvent interprété par une star. Il y a en principe deux rôles principaux, un féminin et un masculin.

Séquence : danse de salon groupée dans laquelle tous les couples effectuent les mêmes pas, dans la même direction, en même temps et se déplacent souvent en cercle autour de la piste.

Solo : danse effectuée par une seule personne.

Suite : ensemble de courts morceaux de musique repris d'une œuvre plus longue. L'une des plus célèbres est la suite de *Casse-Noisette*, extraite du ballet de Tchaïkovski du même nom.

Synchronisé : les actions synchronisées se produisent simultanément. Un groupe de danseurs effectue des mouvements en même temps pour un maximum d'effet.

Syncope : en musique et en danse, la syncope marque un temps faible qui ne devrait pas, normalement, être marqué : elle est dite décalée, hors tempo ou *off-beat*.

West End : quartier du centre de Londres, au Royaume-Uni, où de nombreux théâtres offrent les plus grands spectacles.

Index

Crédit photographique

L'éditeur remercie les personnes suivantes de l'avoir autorisé à reproduire les photographies :
(info : h-haut ; b-bas ; m-milieu ; g-gauche ; d-droite ; e-extrême)

5 Dreamstime.com : Sabri Deniz Kizil (mb) ; Lemony (mg) ; Mykira (mg / violet) ; Anna Velichkovsky (md / bleu) ; Natalia Kuchumova (md). **6 Corbis :** Li An / Xinhua Press (mhg) ; Rikard Stadler / Demotix (mbg, mgb / danse). **Dreamstime.com :** Sabri Deniz Kizil (m) ; Anna Velichkovsky (mbg / labels) ; Natalia Kuchumova (hg). Robbie Jack Photography : (mg). **7 Dreamstime.com :** Sabri Densiz Kizil (mhg / labels) ; Mykira (hg) ; Lemony (mbg / labels). **Paul B. Goode :** (mhg). **Paul Hampartsoumian :** (mg). **Stage Entertainment :** Manuel Harlan (mbg). **8-9 Corbis :** Li An / Xinhua Press. **10 Alamy Images :** Interfoto (hg) ; Mary Evans Picture Library (mb). **The Bridgeman Art Library :** Catlin, George (1794-1872) / Bibliothèque nationale, Paris, France / Giraudon (md) ; Gérôme, Jean-Léon (1824-1904) / Collection privée (hd). **11 Alamy Images :** PhotoStock-Israel (md) ; Lebrecht Music and Arts Photo Library (hd). **Corbis :** Dave Hunt / epa (mh). **Dreamstime. com :** F9photos (mb). **13 Robbie Jack Photography :** (m). **14 akg-images :** Sotheby's (m). **Reuters :** Alexander Natruskin (md). **15 akg-images :** (hg). **Alamy Images :** Hemis (d). **Reuters :** Laszlo Balogh (mbg). **16 Alamy Images :** Israel images (mbg) ; Interfoto (hd). **16-17 Alamy Images :** imagebroker. **17 akg-images :** (md). **Alamy Images :** Ingolf Pompe 70 (hg). **18 akg-images :** RIA Nowosti (h). **Alamy Images :** Terry Harris (mg). **18-19 Alamy Images :** Lebrecht Music and Arts Photo Library (m). **19 Getty Images :** Xavier Florensa (hd). **20 Corbis :** Burstein Collection (mb) ; collection Hulton-Deutsch (mg) ; Leszek Szymanski / Epa (mb). **20-21 Corbis :** Hugh Sitton. **21 Corbis :** Jorge Silva / Reuters (mh). **Getty Images :** Gianni Ferrari (mdh). **22 Press Association Images :** Fernando Vergara / AP (mb). **TopFoto. co.uk :** Rose Deakin / Chilepic (md). **22-23 Corbis :** Stuart Westmorland. **23 Corbis :** Lindsay Hebberd (mh). **Dreamstime. com :** Tokarsky (d). **24 Alamy Images :** Howard Sayer (g). **Rossah Bendahman :** (mdb). **Dorling Kindersley :** Powell-Cotton Museum, Kent (mh). **24-25 Getty Images :** Adrian Dennis. **25 akg-images :** africanpictures (md). **Reuters :** Will Burgess (hd). **26 Getty Images :** India Today Group (h). **26-27 Alamy Images :** John Warburton-Lee Photography (m) ; Patrick Ward (h). **Corbis :** Tim Mosenfelder (b). **27 Alamy Images :** Alison Thompson (mh). **28 Alamy Images :** imagerie de l'Inde (mbg) ; Rohan J. (mbg / Idakka) ; Jane Williams (mh). **Corbis :** Andrew Mills / Star Ledger (mb). **Getty Images :** AFP (mg, mb) ; PhotosIndia.com (mhg). **28-29 Corbis :** Photosindia. **29 akg-images :** Bildarchiv Steffens (hd). **30 Corbis :** Jamal Nasrallah (m). **Getty Images :** Guang Niu (hd) ; Yagi Studio (hg). **30-31 Corbis :** So Hing-Keung. **31 Getty Images :** Bruno Vincent (hd). **Lebrecht Music and Arts :** Haga Library (hg). **32-33 Corbis :** Rikard Stadler / Demotix. **32 Corbis :** Rikard Stadler / Demotix (d). **34 Alamy Images :** The Art Archive (mb). **Dreamstime.com :** Pilarts (h). **Getty Images :** Apic (m). **TopFoto.co.uk :** (md). **35 akg-images :** Peter Weiss (mhg). **Alamy Images :** Interfoto (hg). **Getty Images :** Disney ABC Television Group (md) ; Ferdinand van Reznicek (md). **Mary Evans Picture Library :** Rank / Ronald Grant Archive (mg). **36 Alamy Images :** Geoff A Howard (g) ; Patrick Ward (md). **37 Corbis :** Zeng Yi / Xinhua Press (mb). **Getty Images :** Ralf Juergens (hg). **38 akg-images :** (mg). **Getty Images :** De Agostini (hg, hd). **38-39 Vita M Photos**. **39 akg-images :** RIA Nowosti (mb). **Alamy Images :** tarczas (hd). **40 Alamy Images :** Peter Horree (mb). **Corbis :** Lebrecht Music & Arts (mb). **41 Dreamstime.com :** Derektenhue (mg). **Getty Images :** Win Initiative (d). **42 The Bridgeman Art Library :** Peter Newark American Pictures (hd). **Corbis :** Luong Thai Linh / epa. **42-43 Alamy Images :** Henry Westheim Photography. **43 Alamy Images :** Photos 12 (mb) ; Pictorial Press Ltd (hd). **45 Getty Images :** Jennifer Boggs (mh). **46 Reuters :** Chaiwat Subprasom (g). **46-47 TopFoto.co.uk :** Mark Ellidge / ArenaPAL. **47 Alamy Images :** Mark Downey (hd). **Corbis :** Catherine Karnow (mdb). **Dreamstime.com :** Anky10 (mg). **48 Corbis :** Antonio Lacerda (mg). **Reuters :** Chaiwat Subprasom (d). **49 Alamy Images :** Victor Watts (g). **Corbis :** Hulton-Deutsch Collection (hd) ; Julie Lemberger (b). **50 Alamy Images :** Tom Craig (md). **Corbis :** Erik Ward / Retna Ltd. (mb). **50-51 Linedance Stompers Germany :** (b). **51 Ceroc Enterprises LTD :** (hg, hd). **52-53 Robbie Jack Photography**. **54 Alamy Images :** RIA Novosti (mg). **Getty Images :** DEA / A. Dagli Orti (mh). **Lebrecht Music and Arts :** (m, mbd). **55 Corbis :** Wolfgang Kaehler (mbg). **Getty Images :** Apic (mh) ; Baron (md). **Lebrecht Music and Arts :** RIA Novosti (hg). **56 akg-images :** (mh). **Alamy Images :** Lebrecht Music and Arts Photo Library (m). **Robbie Jack Photography :** (md). **56-57 Alamy Images :** Lordprice Collection. **57 Robbie Jack Photography :** (md). **58 Robbie Jack Photography :** (mb, bg, mb). **58-59 Robbie Jack Photography**. **59 Corbis :** Mohamed Omar / Epa (hd). **Robbie Jack Photography :** (mb, bg, bd). **60 Alamy Images :** Chris Stock Photography (mh). **Corbis :** Bojan Brecelj (hg). **Getty Images :** Rischgitz (mbg). **60-61 Robbie Jack Photography**. **61 Bill Cooper :** (md). **Corbis :** Leo Mason (mdb). **Robbie Jack Photography :** (hg, mh, hd). **63 Corbis :** Robert Wallis (mdb). **64 The Bridgeman Art Library :** English Photographer (xxe siècle) / Collection privée (mh). **Robbie Jack Photography :** (b, hd). **65 Alamy Images :** Patrick Baldwin (hg). **Robbie Jack Photography :** (mbg, bd). **TopFoto.co.uk :** Kingwill Marilyn / ArenaPAL (mh) ; Roger-Viollet (md). **66 Corbis :** BBC (md). **Getty Images :** Sven Creutzmann / Mambo Photo (mg) ; Time & Life Pictures (md). **Robbie Jack Photography :** (hg). **66-67 Robbie Jack Photography**. **67 Getty Images :** AFP (hd). **Robbie Jack Photography :** (hg, mbd). **68 Corbis :** Bettmann (mh, m). **Getty Images :** Sasha (mb). **69 Paul Kolnik :** (mg, h). **TopFoto.co. uk :** Boosey and Hawkes / ArenaPAL (md). **70 Corbis :** The Art Archive (mhg). **TopFoto.co.uk :** Nigel Norrington / ArenaPAL (mb). **71 Dorling Kindersley :** Freed of London (md). **Robbie Jack Photography :** (hd). **72 Alamy Images :** AF archive (mb) ; RIA Novosti (mb). **Corbis :** Bettmann (md). **Getty Images :** Time & Life Pictures (mg). **72-73 Getty Images :** Baron. **73 Alamy Images :** RIA Novosti (hg). **Corbis :** Hulton-Deutsch Collection (m). **Rex Features :** Reg Wilson (md). **TopFoto.co.uk :** Lara Platman / ArenaPAL (hd). **74 Getty Images :** Time & Life Pictures (hd). **74-75 Robbie Jack Photography**. **75 Corbis :** Douglas Kirkland (md). **Robbie Jack Photography :** (hg, hd). **76 Lebrecht Music and Arts :** (mhg). **TopFoto.co.uk :** Colin Jones (mg). **76-77 TopFoto.co.uk :** Nigel Norrington / ArenaPAL. **77 Corbis :** Rune Hellestad (md). **Robbie Jack Photography :** (mh, md). **78 Corbis :** Bettmann (mh). **Lebrecht Music and Arts :** (m). **Rex Features :** Will Stewart (mhg). **78-79 Rex Features :** Sipa Press. **79 Getty Images :** Keystone (hg) ; Terry O'Neill (mdb). **Robbie Jack Photography :** (mg). **80 Alamy Images :** Itar-Tass Photo Agency (mb). **Corbis :** Bettmann (mhg) ; Hulton-Deutsch Collection (md). **Getty Images :** Time & Life Pictures (mbg). **81 Corbis :** Imaginechina (hd) ; Jacques Loew / Kipa (hg). **Robbie Jack Photography :** (b, md). **82 Corbis :** Hulton-Deutsch Collection (mhg) ; Walter McBride (md). **Getty Images :** AFP (mbg). **82-83 Robbie Jack Photography**. **83 Corbis :** Stephanie Berger (mg). **Robbie Jack Photography :** (hd, mbd). **84-85 Paul B. Goode**. **86 Alamy Images :** Lordprice Collection (hd) ; DIZ Muenchen GmbH, Sueddeutsche Zeitung Photo (mb) ; Interfoto (md). **Corbis :** Bettmann (mg). **87 Corbis :** Bettmann (mh, mbd) ; E.O. Hoppé (mg). **88 Ernestine Ruben : (mh). Robbie Jack Photography :** (mb). **Klaus Lucka (mg). 88-89 Briana Blasko. 89 Yi-Chun Wu /** 吳依純 **:** (hd). **David Massio Studio :** (hg). **Shen Wei/ Bruce R. Feeley :** (mh). **90 Lebrecht Music and Arts :** Arthur Kales / New York Public Library (m). **TopFoto.co.uk :** ArenaPAL (mh). **90-91 Alamy Images :** Arvind Garg. **91 Corbis :** Julie Lemberger (hg). **Rex Features :** Sipa Press (md). **92 Getty Images :** Dario Cantatore (m). **Photoshot :** Mudrats Alexandra (hd). **Reuters :** Mike Segar (mg) ; John Vizcaino (md). **93 Corbis :** Angel Medina G. / epa (hd). **Getty Images :** Quim Llenas (md). **Photoshot :** Joerg Carstensen (g). **94 Corbis :** Bettmann (mb). **94-95 Robbie Jack Photography**. **95 Corbis :** Leo Mason (hd). **Rex Features :** Alastair Muir (mdb). **TopFoto. co.uk :** Henrietta Butler / ArenaPAL (mh) ; Linda Rich / ArenaPAL (mb). **96 Alamy Images :** United Archives GmbH (m) ; Jerome Yeats (mh) ; Jane Hobson (mdb) ; Zuma Wire Service (md). **Corbis :** Michal Fludra / Demotix / Demotix (mhg). **97 Alamy Images :** AlamyCelebrity (hd) ; Nathan King (hg). **98-99 Stage Entertainment :** Manuel Harlan. **100-101 Dreamstime.com :** Aurelko ; Raja Rc (curtain). **100 Alamy Images :** AF archive (md) ; Vintage Images (mb). **Dreamstime.com :** Stephanie Swartz (hd). **Getty Images :** Buyenlarge (md). **101 Alamy Images :** Mim Friday (mb). **Corbis :** Brittany Somerset (md) ; Roland Weihrauch / dpa (b). **102 Corbis :** Hulton-Deutsch Collection (mg). **Getty Images :** Hulton Archive (m) ; Evening Standard (mh). **102-103 The Kobal Collection :** Warner Bros (b). **103 Corbis :** John Springer Collection (md). **Rex Features :** Everett Collection (mdh). **104 Alamy Images :** Moviestore Collection Ltd (mdh). **Corbis :** Bettmann (mb) ; John Springer Collection (md). **105 Alamy Images :** AF archive (md). **Corbis :** Michael Walls (m). **Dein Perry's Tap Dogs / Brinkhoff / Mögenburg :** (mdb). **106 Alamy Images :** Photos 12 (mb) ; AF archive (mb). **Lebrecht Music and Arts :** Photofest (mh). **106-107 Rex Features :** Snap. **107 Getty Images :** Greg Wood (md). **The Kobal Collection :** 20th Century Fox / Chenault (hg). **Rex Features :** ITV (mdh). **108 Alamy Images :** Photos 12 (mg) ; Moviestore collection Ltd (mb, mh, bd). **Corbis :** John Springer Collection (mhg). **109 Getty Images :** MGM Studios (g). **Stage Entertainment :** Dewynters (m). Manuel Harlan (md). **110 Alamy Images :** Interfoto (md). **Getty Images :** Redferns (mh). **The Kobal Collection :** MGM (m). **111 Alamy Images :** Photos 12 (hg). **Rex Features :** David Fisher (b). **112 The Kobal Collection :** India Talkies / Madras Talkies (mb). **Ashim Samanta / Shakti Films :** (mb). **112-113 Rex Features :** Eros International / Everett. **113 Corbis :** Leo Mason (mb). **The Kobal Collection :** Dharma Productions (hd). **Photoshot :** Starstock (m). **Rex Features :** Everett Collection (mdb). **116 Alamy Images :** AF archive (m, b). **116-117 Getty Images :** Paramount Pictures. **117 Alamy Images :** AF archive (mg) ; Moviestore collection Ltd (hd, md). **Robbie Jack Photography :** (mb). **118 Alamy Images :** AF archive (hd) ; Carolyn Jenkins (mg). **118-119 Alamy Images :** AF archive (b). **Dreamstime. com :** Alfonsodetomas (m). **119 Alamy Images :** Photos 12 (md) ; AF archive (hg). **Robbie Jack Photography :** (md). **120-121 Paul Hampartsoumian**. **122 Alamy Images :** AlamyCelebrity (md). **Corbis :** archives de Michael Ochs (mb, mgb, mb) ; Jan Butchofsky (mdb). Dreamstime.com. **123 Hugo Glendining :** Rowen Hawkins (m). Danseurs du groupe Into The Hoods / Novello Theatre. **The Kobal Collection :** Wild Style (hg). **Benson Lee / Elephant Eye Films :** (mbg). **LXD Ventures, LLC :** (md). **124 Corbis :** James Andanson / Sygma (md) ; Sayre Berman (md) ; Michael Norcia / Sygma (hd). **125 Corbis :** Douglas Kirkland (h). **Dreamstime.com :** Hubis. **126 Corbis :** Roger Ressmeyer (md). **Paul Hampartsoumian :** (hg). **Robbie Jack Photography :** (mb). **127 Adidas :** (mdb). **Corbis :** David Atlas / Retna Ltd. (hg). **Dreamstime.com :** Moori (mbg). **130 Alamy Images :** Pictorial Press Ltd (mb). **Getty Images :** Dave Hogan (mg). **131 Corbis :** Jeff Minton (hd). **Getty Images :** Matthew Simmons (hg). **Benson Lee / Elephant Eye Films :** (b). **132 Getty Images :** FilmMagic (md, bg). **Paul Hampartsoumian :** (hd). **133 Corbis :** A2882 Holger Hollemann / dpa (md). **Getty Images :** AFP (md, mb). **Hugo Glendining :** (mh). **Paul Hampartsoumian :** (mb). **Belinda Lawley : (m). Courtoisie de Top 9 Crew :** (mg). **134 Alamy Images :** zechina (mdb). **Corbis :** Bettmann (mh) ; Neal Preston (hg) ; Lynn Goldsmith (m) ; Chris Walter / Retna Ltd. **Dreamstime.com :** Asterixvs (mbg). **135 Corbis :** Michael Dalder / Reuters (d). **The Kobal Collection :** Optimus Productions (h) ; Ultimate Productions / Emerson, Sam (mg). **136 Corbis :** Henry Diltz (mb) ; Rick Friedman / Rick Friedman Photography (mg) ; David Lefranc / Kipa (mb). **136-137 Getty Images :** FilmMagic. **137 Corbis :** Steve Azzara (mg) ; Mark Wallheiser / Reuters (hd) ; Chris Ryan (mb). **Getty Images :** FilmMagic (md) ; KMazur (hg). **138 Alamy Images :** Interfoto (mg). **141 Vita M Photos :** (md).
Couverture : Dreamstime.com : Luceluceluce t / (arrière-plan) ; **Fotolia :** Ellerslie (paillettes) ; dos : **Dreamstime.com :** Luceluceluce t / (arrière-plan) ; **Fotolia :** Ellerslie (paillettes).